JN064599

改訂版

保育カリキュラム論講義

児童中心主義的視座からの試論

吉田直哉

ふくろう出版

はじめに

　本書は、幼稚園教員免許状教職課程科目「教育課程論」の内容を視野におさめつつ、保育士養成課程科目「保育内容総論」における保育カリキュラム(本書では、幼稚園等における教育課程、保育所等における全体的な計画、および両者における指導計画を総合して「保育カリキュラム」と称する)に関する理論的トピックをまとめたものである。ただ、本書におけるカリキュラムは、単に保育者の側が作成する計画とそれに基づいた実践(保育者の外的活動としての)だけを意味する狭義の概念なのではなく、保育者の行為としての計画・実践と、子どもの外的活動・内的活動との不可分の交絡、子どもの体験の質を包含する広義の概念である。

　本書の原型となった授業は、2018 年以降、筆者の本務校である大阪府立大学地域保健学域教育福祉学類で、保育士養成課程科目「保育内容総合演習」(1 単位、1 年次後期配当)として開講された。同科目は、2022 年以降は、大阪公立大学現代システム科学域教育福祉学類における科目「保育内容演習 A(総論・環境)」(2 単位、2 年次前期配当)に引き継がれている。「保育内容総合演習」およびその後継科目としての「保育内容演習 A(総論・環境)」は、厚生労働省によるモデルカリキュラムにおける保育内容総論に該当する。当該科目は演習科目であるため、学生自身の試行錯誤による主体的な学びの方法・形態を採ることが求められている。本書は、学生が毎回の授業内における討議のための素材として各自で作成した資料(レジュメ)の内容を補うため、各回の授業の中で筆者が挿入したミニ・レクチャーの内容を集成し、再構成したものである。本書では、各トピックを 15 の講に再編成した。

　実際の授業では、日本保育学会編『保育のいとなみ：子ども理解と内容・方法』(保育学講座 3、東京大学出版会、2016 年)をテキスト指定している。ただ、当該書は、研究書、あるいは論集という性格をも持つため、がんらい保育士養成課程テキストとして編纂されたものではない。授業では学生間の討議を重視するため、あえて養成課程テキストではない書籍を検討素材とした(初年度である 2018 年度に関しては、既存の「保育内容総論」のテキストを指定して受講生と輪読・検討を行ったわけだが、受講生からの、そのテキストの評判は惨憺たるものであった。曰く「同じことが何度も繰り返されている」「だから、何？(So what?)」。なお、当該書は、本書末尾の文献一覧の中には掲げられていない)。

　保育内容総論の高質な養成課程テキストが存在していないという状況は、依然として憂慮すべき事態である。既存の保育内容総論の市販テキストは、以下の深刻な宿痾を抱える。①幼稚園教育要領・保育所保育指針等の逐条的解説となり、その原理・思想を明らかにしえていないこと、②保育実践の「事例」が羅列され、その意味を読者たる学生に解釈させることが求められるが、これは質的方法論に無知な学生には難解極まりない要求であること(それ

ゆえに、学生は「子どもを温かく見守るべきだ」というような空疎・陳腐な徳目をそこから抽出するよりほかなくなる)、③テキストが、必ずしも保育学研究者であることを自任しない保育者養成校教員によって書かれるため、執筆の典拠が先行する別のテキスト群(のみ)に限定され、保育関連諸学の最新の知見から孤立してしまうこと(テキストを読んでテキストが書かれるため、どのテキストも内容は大同小異となるという間テクスト性が生じている)、④複数の著者による共著として書かれる(半期 15 回の授業を想定し、15 人以上の著者の共同執筆となることが常態化している)ため、著者の力量によって章ごとのクオリティに著しい格差が生まれると同時に、編者が必ずしも執筆者全員のバックグラウンドを把握しきれているわけではないため、内容の調整など本来なされるべき「編集」の責務が果たされないこと、⑤養成校においてテキスト指定され半強制的に販売されることが前提であるため、読者として養成校の学生のみが想定されていることから、現職の保育者や保育研究者などからのレスポンスによる精錬を想定しない一方的な叙述になっていること、などである。本書は、筆者の今日に至るまでの「保育カリキュラム理論」に関する根本意想を定着させ、公刊して同学の諸氏の検討に供しようとする目的をもって書かれた、いわば筆者の現時点における暫定的なマニフェストであるから、上述のような既存のテキストの欠陥からは自由である。

本書は、筆者の師である玉置哲淳氏より継承した「ラディカルな児童中心主義」の視座から、既存の保育カリキュラム理論の再点検を行い、それが抱える問題性を指摘しようとする試論的性格を強く有している。そのため、本書の内容は今後も逐次改訂を加えられ、漸進的に精緻化が図られていくことになるはずである。

さて、保育士養成課程において、保育内容総論を学ぶ目的は、次の 5 つに集約される。

①保育構造の有機的把握(保育内容の特質の理解)
②保育内容の変遷(歴史)の理解
③観察・記録による子ども理解法の習熟
④養護と教育の一体的展開についての理解
⑤保育の展開についての実践的理解

保育内容は 5 つの「領域」において記述されるから、領域それぞれの見方を身につけるということ、5 領域の見方・考え方を結びつける(総合化)こと、複数領域の考え方に基づいて、連続性・総合性を有する保育計画を作成・実践する(構造化)ことが教授内容の眼目ということができる。ここでいう「領域」とは、幼稚園教育要領、保育所保育指針、幼保連携型認定こども園教育・保育要領(以下、3 告示と総称)という、全国的な幼児教育・保育のガイドラインの中で登場する概念である(以下、それぞれ教育要領、保育指針、保育要領と略称)。幼

稚園教育要領は文部科学大臣、保育所保育指針は厚生労働大臣、幼保連携型認定こども園教育・保育要領は内閣総理大臣・文部科学大臣・厚生労働大臣がそれぞれ官報に告示する文書であり、それぞれの施設におけるカリキュラムの基準とされる。3告示は、2017年に一斉に改訂され、2018年度から全面実施されている。今次3告示の改訂は、小学校・中学校・高等学校等の学習指導要領の改訂に合わせ、義務教育以降まで一貫する教育目標の統一性を確保すること、および、幼稚園、保育所、幼保連携型認定こども園を共に「幼児教育」を担う施設と位置づけ、施設種別による「幼児教育」内容の差異が生じないよう整合化を図ることを目的としてなされた。この目的は、2027年頃に実施されると思われる3告示の次なる改訂にも引き継がれることになるだろう。

　新しい学習指導要領では、認知能力と非認知能力を複合的なものと捉え、両者を共に伸ばすことが謳われた。認知能力と非認知能力を三つの資質・能力としてまとめ、それらをアクティブ・ラーニング(主体的な学び・対話的な学び・深い学びの複合)によって伸ばしていくことが主張されている。そして、その学びの課程は社会に開かれたものであるべきであり、学びのプロセスは、教師、そして子どもたち自身によって不断に見直され、改善されつづけていかなければならないとされた(カリキュラム・マネジメント)。これらの考え方は、基本的に、3告示にも共通して取り入れられている。

　ただ、幼稚園教育要領や保育所保育指針を読んで理解しさえすれば、それでカリキュラムが自在に作成できるわけではないというのは当然のことである。教育要領や保育指針は、あくまでカリキュラム編成のために、園や保育者が活用できる「資源」の一つにすぎない。それゆえ、本書は、教育要領や保育指針の逐条的解説の形をとらないし、「付録」としてそれらの全文を掲載することもしていない。本書が提供しようとするのは、教育要領や保育指針を「大綱」として踏まえつつも、それを日々のカリキュラム編成・実践へと結びつけていくための方略、すなわち「理論」である。

　本書は、2021年度科研費若手研究の助成(「1989年幼稚園教育要領を中心とした平成期子ども中心主義保育理念の形成過程の解明」)を受けた研究成果として、2021年8月に刊行された旧版を基礎としている。旧版は幸いなことに、読者の好意的な反応によって迎えられ、初刷分は完売・品切となった。それを機に、刊行より一年余を経て、一部に補訂・改稿を加え、改訂版として刊行する。

　本書が多くの同学諸氏との議論、批判に教えられて成立したという経緯からも、本書の記述に対する読者諸賢の忌憚のないご意見が寄せられることを願うものである。

著者識

目次

1. 幼稚園教育要領・保育所保育指針等における保育内容

　2017 年告示の教育要領・保育指針等 3 告示の眼目は、三つの「**幼児期に育みたい資質・能力**」を明示して、幼児教育・保育から義務教育以降へという連続を見すえた、目指すべき能力像の共通化を図ったことである。三つの**資質・能力**とは、①知識・技能の基礎、②思考力・判断力・表現力等の基礎、③学びに向かう力、人間性等であり、①、②のような認知能力と、③のような非認知能力が共に含まれる。幼児教育においては、これら三つの資質・能力を、「遊びを通しての総合的な指導」により一体的に育むことが目指されることになる(三つの資質・能力の伸びは、相互に交絡し合うため、その発達の援助としての保育も、三つの資質・能力ごとに特化・分化させて行うことはできないとされている)。

　そして、これらの三つの資質・能力が適切に育っている子どもが、小学校就学直前に見せる様子を、保育者の視点から構成した像を、「**幼児期の終わりまでに育ってほしい具体的な姿**」として、以下のような 10 項目にまとめているのも、現行の教育要領・保育指針等 3 告示の特色である(以下、10 の姿と略称)。

　　(1) 健康な心と体
　　(2) 自立心
　　(3) 協同性
　　(4) 道徳性・規範意識の芽生え
　　(5) 社会生活との関わり
　　(6) 思考力の芽生え
　　(7) 自然との関わり・生命尊重
　　(8) 数量・図形、文字等への関心・感覚
　　(9) 言葉による伝え合い
　　(10)豊かな感性と表現

　「10 の姿」の定義は「三つの資質・能力が育まれている子どもの具体的な姿」だとされており、それ以上の定義は公式解説には明示されていない。ただ、公式解説において、「到達すべき目標ではない」とされていることからは、「姿」を見せるようになることを保育の目標に予め据えておくのではなく、保育が展開された結果としてこれらの「姿」が見られるようになってくる、という事後的な評価基準である、という定義が読み取れる。次に、「10 の姿」は、それぞれの姿が「個別に取り出されて指導されるものではない」とされていることからは、「姿」が単独で現れるようなものではなく、あくまでも総合的な活動(生活、遊

び)の中において初めて見られるものであるということが読み取れる。つまり、ある特定の活動に対して一つの「姿」がラベルのように貼り付けられるわけではないということである。子どもの活動は、あくまで総合的なもの、個別の活動に分割不可能なものとして展開されており、その日々の活動の中で、そのような「姿」を、保育者が意図的に見て取ろうと思えば見て取れるような「姿」なのである。あくまで、「姿」は、子どもの具体的な活動に触れて、保育者の脳裡に生成・蓄積されるイメージ(多重露光された写真の喩えが近いだろう)であるから、「姿」は子どもの事実としての活動や言動、ある特定の日時・場所における一回限りの事実としての振る舞いなのではない。逆に言えば、優れた保育実践が行われ、その場において子どもが優れたパフォーマンスを見せたとしても、その事実だけを捉えて「姿」が見られた、とすることはできないのである。さらに加えて、公式解説における「すべての幼児に同じように見られるものではない」という定義からは、ある「姿」の表れ方はさまざまな形でありうるということが分かる(例えば「協同性」の発揮については、A 児と B 児、C 児は全く違った活動の履歴として、相異なった「姿」を保育者に形成させるであろう)。

　「10 の姿」は、そのような個別の姿が一つ一つ見られるようになることを目指して特殊な活動を行わなければならない、というような「到達目標」ではないことは強調しすぎることはありえないほど重要である(「10 の姿」の起草者である無藤隆は、「方向目標」だとさえも言ってはいない)。「10の姿」はあくまで、育ちの通過点を示すメルクマール(目印)として捉えるべき、事後的に用いられうる発達評価・保育実践評価の指標なのである。

　「10 の姿」は、従来、子どもの育ちを見るための、保育者が備える視点・窓であると言われてきた領域のねらい、内容を再構成・再編成したものであるとされている。保育内容「領域」は、健康、人間関係、環境、言葉、表現の 5 領域からなる。領域はまず、保育内容(保育者の援助、及び子どもの経験)を捉えるための、保育者が備えるべき「視点」であるとされる(これは、1989 年教育要領以降、維持されている定義である)。このことは別の言い方をすれば、子どもの経験に対する視点を変えれば、つまり領域を変えれば、子どもの経験の別の側面が見えてくるということである。

　領域は、あくまで子どもの経験と、その経験を豊かにするための保育者の援助の複合体を、保育者の側から「見る」ための視角であり、視座なのだから、子どもの活動が 5 領域のいずれかに分類されるということはありえない。領域は、あくまで保育者の側にある評価枠組みをなすものなのであり、子どもの活動が領域をなすわけではない(例えば、「おにごっこ」という活動が、5 領域のうちどれに属するか、という問いはナンセンスである。当然のことながら、「おにごっこ」という活動、経験は、人間関係(友達、保育者と)、健康(元気よく走る)、言葉(掛け声)、環境(隠れる場所を探す)、表現(自分の存在を他者に知らせる)、いずれの領域からも捉えることができる)。複数領域から、あらゆる子どもの活動を捉えることが

できるということは、子どもの活動に保育者の援助が絡み合うものとしての保育内容は、子どもにとっても多義的な解釈の可能性が開かれているものが望ましいということでもある。

　従来、領域の特色は、小学校以降の教科との対比で説明されることが多い。教科カリキュラムに対して、領域は経験カリキュラムを基盤とする概念として位置づけられてきたのである。デューイの思想に淵源を有する経験カリキュラムでは、子どもの生活の中から生じてきた、子ども自身の疑問（問題。興味を持ったこと）を核に、その疑問の解決を目指す計画を子どもたちが作り、実際に解決するための試行錯誤を繰り返す中で学びが深まると考えられる。〈疑問（当惑）→解決のための仮説の提示→解決のための計画→実行（検証、試行錯誤）→反省・振り返り・総括〉という一連の流れの中で学びが進展していくとされる。ただ、経験カリキュラムが機能するためには、子どもの「生活」が自律し、「生活」そのものに一定程度の統合が保たれていなければならない。今次学習指導要領において幼児教育から高等教育までの主幹的な学習手法とされたアクティブ・ラーニング（主体的な学び、対話的な学び、深い学び）とは、経験主義教育の思想の中から生まれてきたプロジェクト型の学習の系譜に通じるものである。

　子どもの生活の連続性と、生活の生活化、つまり生活を生命の躍動溢れる、より生き生きとした生活へと発展させていくという保育理念は、大正期には倉橋惣三が既に提示している。倉橋らは、海外の保育思想や保育方法の安直な導入を批判し、日本の暮らしの伝統、遊びを取り入れた保育案を作成することの重要性を訴えた。フレーベル主義保育の恩物偏重、形式主義を批判し、幼児のありのままの生活から、保育案は出発するべきだとして、後に「生活を、生活で、生活へ」導く保育とスローガン化される理念を提示したのである。倉橋にとっての保育方法は、あくまで子どもの生活を「誘導」することであって、指導することではなかった。倉橋の「誘導保育」は、〈導入（動機づけ）→作業過程→完成→活用〉という四段階から構成されるが、子どもの生活の中から主題を選択すること、子ども自身がその主題に興味を持ち、引きつけられることにより、作業への集中が生み出されることが重視されている。

　2017 年の保育指針改定においても、保育内容の 5 領域の構成と内容には、大きな変化はなかった。領域は、子どもの経験に対する保育者の援助、あるいは理解のための視座であり、「窓」（視点・着眼点）であることが強調されているのは既に述べたとおりであり、この考え方は、1989 年の教育要領、1990 年の保育指針から一貫している領域の定義である。

　ただ、領域が「視点」だというのは、あくまで保育者の側からの把握である。子どもの側から、「領域」はどのように把握することができるのだろうか。子どもにとっての「領域」を理解するために、1964 年の教育要領改訂をリードした教育学者坂元彦太郎は、「料理」を比喩にして説明を行っている（領域という術語じたいは、1956 年の第一次教育要領から見られるが、その意味するところは大きく変化してきた。後述）。坂元は、献立、完成した料理、

栄養素をそれぞれ指導計画、保育の実践、領域に喩えている。例えば、人は「肉じゃが」を作ろうとするとき、まず献立、次に調理法（レシピ）を思い描く。これが、ねらいの設定、指導計画の作成に相当する。完成した実際の「肉じゃが」が、本当に体によく、美味しい料理となったかを振り返ったり、体によく、美味しい料理となるように事前に食材を考えたりするとき、「栄養素」に着目することが役立つ。蛋白質は足りているか、脂質は過剰ではないか、食物繊維はどうか、などを考えることによって、料理は栄養価のバランスの取れたものになる。この栄養素こそが「領域」であると坂元は言う。献立を考える（指導計画を作成する）ときや、できあがった料理がよいものだったかを振り返る（保育実践を反省する）ときに、栄養素（領域）という概念は大いに役に立つ。ただ、ビタミンＢや蛋白質の粉末をこね合わせて料理を作るのではないように、領域を組み合わせて保育実践が成り立つのではない。実際の保育実践（料理）を構成しているのは、あくまでも個々の子どもの具体的な活動（実際の食材）なのであり、領域（栄養素）を総合したものではない。領域（栄養素）に比べて、子どもの具体的活動（実際の食材）は、つねに総合的・複合的なものなのである。

　保育内容に関する記述は、保育指針の第２章にある。保育の内容は、**ねらい**と**内容**から構成される。ねらいは、保育者が行うべき事項と子どもが身につける心情・意欲・態度からなる。ねらいは、子どもの内面において育つ、それ自体は不可視の諸能力に関するものだとされている点に注意しておきたい。子どもが身につけることが望まれる心情・意欲・態度とは、「生きる力」の基礎をなす。「生きる力」とは、自分で課題を見つけ、自ら学び、主体的に行動する態度であり、現行の保育指針では三つの資質・能力のうち、特に「学びに向かう力、人間性等」と呼ばれているものである。ねらいと内容は、乳児保育においては「健やかに伸び伸びと育つ」「身近な人と気持ちが通じ合う」「身近なものと関わり感性が育つ」という三つの「視点」に分けて記述され、１歳以上児においては、５領域に分けて記述されている。三つの「視点」から５領域への移行は、発達過程に即して子どもを捉えるための視座が分化していくことを意味している。

　内容は、ねらいを実現するために行われる保育者の活動、および子どもの経験であり、ねらいを具体化したものである。例えば、ボール紙を利用した「写真入れ」の製作において、ねらいは、道具を正しく使う（態度）、自由に絵を描き、想像力を高める（意欲・態度）と設定され、内容ははさみで切る、のりを付ける、クレヨンで絵・名前を書く、などとなる。ねらいが不可視なものであるのに対し、内容が可視的な行動を示していることが読み取れよう。当然のことながら、保育実践は、可視的な行動としての外的活動が、内面における子どもの動き、変化、発達である内的活動とカップリングし合い、共進することを目指して行われる営みである。

2. 養護と教育の一体性

　保育所における保育は、養護と教育が一体的に行われることを特色とする。この**養護と教育の一体性**という保育の特質は、1965 年の初の保育指針から今日に至るまで、一貫して維持されてきた保育所保育の基本原理である。

　養護とは、「子どもの生命の保持、情緒の安定」を目的とした、保育者による意図的な援助・関わりである。生命の保持の「ねらい」のキーワードは、快適、健康、安全である。子どもにとってこれら三つの要素が満たされるということは、子どもの生理的欲求が適切に充足され、生理的安定の獲得(ハヴィガースト。後述)がなされるということである。生理的欲求とは、マズローの「欲求階層説」によれば、人間の抱く欲求のうち、最も基層に位置する根源的な欲求である(図 2-1)。マズローによれば、人間の欲求は、生理的欲求を基底とし、その上にさらに安全の欲求、集団と愛の欲求、承認と自尊心の欲求、自己実現の欲求が積み重なり、5 つの階層をなす。これら複数の欲求は、前者(下層)が満たされることで、はじめて後者(上層)の欲求が生じてくるとマズローは言う。逆に言えば、社会的欲求を抱いている時、その個人は同時に生理的欲求、安全の欲求が充足されているということである。このことは、社会的欲求の充足へと向かう行為の基盤においては、つねに生理的欲求・安全欲求という根源的な欲求の充足がなされているはずであり、両者の欲求充足は複合的・一体的になされているということを意味する。

　乳児期の保育内容においては、特に養護の重要性が大きい。ただ、このことは、乳児保育において養護に費やされる時間が長いということを意味しているのではないし、乳児保育において教育の意味づけが弱いということを意味しているのでもない。養護と教育が一体であるということは、養護と一体的に教育も常に行われているということであり、両者を別に分けて行うことはできないからである。養護と教育が同時に行われているということは、養護と教育が一体的に行われているということの結果なのであり、原因なのではない。

　保育の場における生理的欲求の充足は、保育者と乳児との間の一対一の安定的な関係性の中

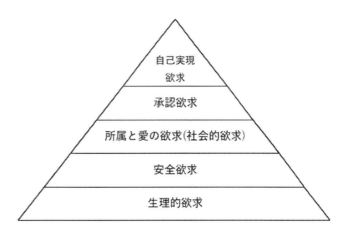

2-1　マズローの欲求階層説

でなされる。一対一の安定的関係性を維持するため、乳児保育においては担当保育制が採られることが一般化してきている。

　生理的欲求の充足が、このような特定の保育者との親密な関係の中でなされることは、**愛着(アタッチメント**。特定の他者との心理的・情緒的絆。ボウルビーの提唱)の形成に寄与し、それが、子どもが周囲の環境に対する**基本的信頼感**(周囲の世界が消滅してしまうとか、周囲の他者に見捨てられるようなことはない、という環境の持続性・安定性に対する信頼のこと。エリクソンの提唱)の獲得に結びついていくと考えられる。

　養護の二つ目の目的は、情緒の安定である。情緒の安定の「ねらい」のキーワードは、安定感、安心である。子どもが主体として受け止められることによって、心理的な安らぎ・癒しを経験することを目的としている。保育者には受容、共感という関わり方が求められる。子どもは、主体として受け止められることで、自己肯定感、自信を育んでいく。自己肯定感、自尊心の獲得のためには、このような承認の付与が重要である。

　養護と一体となった保育者の営みが**教育**である。教育とは子どもの発達を促すための保育者の援助であり、養護と同様に意図的な行為である。教育は、既に述べた5領域という視点から構成される。「教育に関わる保育の内容」は、①「ねらい」を達成するために、②保育者の援助を受けながら、子どもが③環境に関わって④経験する事項である。教育の「内容」は、育てたい心情・意欲・態度に関する「ねらい」と、保育者の行為、子どもの(外的・内的両面の)経験という三要素からなるのである。

　以下で、教育要領、保育指針等において、各領域の目標がどのように位置づけられているかを見よう。

①健　　康：健康な心と身体を育て、自ら健康で安全な生活をつくり出す力を養う
②人間関係：他の人々と親しみ、支え合って生活するために、自立心を育て、人と関わる力を養う
③環　　境：周囲の様々な環境に好奇心や探究心をもって関わり、それらを生活に取り入れていこうとする力を養う
④言　　葉：経験したことや考えたことなどを自分なりの言葉で表現し、相手の話す言葉を聞こうとする意欲や態度を育て、言葉に対する感覚や言葉で表現する力を養う
⑤表　　現：感じたことや考えたことを自分なりに表現することを通して、豊かな感性や表現する力を養い、創造性を豊かにする

　養護と教育の一体性とは、養護の基礎の上に、教育が成り立つという不可分な層化構造と

して捉えることができる。この不可分性は、養護と教育の機能的側面の不可分性であると同時に、養護と教育の活動的側面の不可分性でもあることに注意しなければならない。養護が基礎的であるということは、教育に対して養護が先行するとか、優先するということを意味していない。同時に、教育が養護に上構するということは、教育の方が養護の後に必要とされ始める、より高度な行為であるということを意味しているわけではない。

　養護という言葉は、教育要領には見られない、保育指針特有の言葉である。重要なことは養護と教育は一体化させるべきものでも、うっかり一体化し損ねるようなものでもなく、つねに・すでに一体化しているものだということである。養護と教育は、機能的にも、活動的にも、つねに不可分なのである。というのも、養護と教育は、生活や遊びを介して関連し、総合的に展開されるからである。遊びの中にも、生活の中にも、養護と教育はつねに含まれているのであり、養護のねらいのみに基づく活動、教育のねらいのみに基づく活動というのは、子どもの活動としてはありえないのである。同時に、保育者の援助にも、養護としてのみの援助、教育としてのみの援助という区分はありえない。養護と教育の一体性を説明する際、しばしば引用されるのは、平井信義の挙げた例、「おむつ替え」である。おむつを替えるとき、清潔を保つ、あやす、という「養護」ばかりの営みのように見えるが、その時に「言葉をかけている」から「教育」もなされているのだ、と解釈されることがあるが、これは誤りである。おむつを替えることが養護であり、同時に声をかけることが教育というように、養護的行為と教育的行為という別々の機能を持つ行為が同時になされるということを平井は言っているのではないのである。清潔を保つ、あやすという行為にも、そして同時に声をかけるという行為にも、つねに養護と教育の機能が含まれているということを平井は述べているのである。両者の機能は一体不可分であり、そのことを保育者は自覚せよということが指摘されているのである。

　養護と教育の一体化を具現化しようと試みたカリキュラム案の例として、保育問題研究会に所属した宍戸健夫らが提示した保育構造論を挙げることができる。宍戸の保育構造論の詳細については後述するが、子どもの園生活における活動を、4つの側面に分け、それらの間の相互作用を重視した保育計画論である。基礎から順に、①基本的生活(習慣)の形成、②自由遊び、③集団でテーマを共有した持続的な遊び(プロジェクト型カリキュラム)、④分化した学び(設定保育型カリキュラム、小学校以降の学びへの接続を意識したもの)となっている。①が養護に、②、③、④が教育に深い関わりを持っていることは容易に見て取ることができる。②、③、④の活動が活性化しているとき、①はかならず実現しているのである。

　保育内容を提供する際の、保育者の「配慮事項」としては、以下の3点をおさえておく必要があるだろう。第一に、発達の「個人差」を踏まえることである。個人差があることは当然であり、常態である。個人差があること自体は、良いことでも、悪いことでもない。個人

差があることは当然の事態なのであるから、保育者はそれを理解しつつ、つねにあるものとして対応しなければならない。第二に、子どもが自分の力で活動できるように間接的に関わることである。山下俊郎が述べた、保育方法における「間接性の原理」がこれに該当しよう。第三に、国籍、文化、性別など、子どもの多様性に配慮することである。多様性に配慮するというのは、多様性を認めるということである。認めるということは、見て見ぬ振りをするということではなく、それが価値を持つものだということを承認し、共存しようと努めることである。

　試みに、国籍や、性別の多様性に配慮できていない保育者の行動としてどのようなものがありうるか、想像してみるとよい。例えば、アメリカの多文化保育に関する認知研究では、2歳児は既に、肌の色の違い、身体的な相違に気がつくといわれ、さらに5歳児は、単に身体上の可視的な外見的な違いだけではなく、言語使用や文化(衣服の装用や食事の仕方など生活パターン)の相違も認識しているという。同じくアメリカの研究では、2歳半の子どもが人称代名詞の性差を使い分けられるようになり、3歳後半となるとジェンダーのステレオタイプを獲得し、ジェンダー役割の獲得が進むとされる。つまり、外見、行動による偏見の原型(きめつけ)の獲得は、2〜3歳児においてなされていると考えられる(玉置哲淳による)。

　多文化保育論のいう人種、民族、ジェンダー、階層などに基づく偏見は(大人特有のものであるから)子どもには抱かれているはずはないというように、子どもの純真無垢性を安易に信じるべきではない。子どもは乳児期から、周囲の他者との関わり、特に大人である親や保育者とのコミュニケーションの中で、大人が有する無自覚な価値観(偏見を含む)を感じ取り、受容してしまう力をもっているからである。保育者は、子ども集団が多様なバックグラウンドを持つ子どもの集まりであるということを当然視していなければならないのであり、「全員が同じ」という前提に立って行動したり、発話したりすることは避けなければならない。さらに、子どもたちが、そのような差異の受容、多様性の承認の上に立って、「お互いに違い合う者どうし」の間にも存在する、同質の要素を見いだしていくことができるよう促していかなければならない。

3. 保育内容の「領域」の変遷

　保育内容に関する全国的なガイドラインである**幼稚園教育要領**が、文部省通知として初めて発出されたのは 1956 年である。保育内容に関する「領域」は、当初から教育要領に示された(当初は 6 領域。後述)。しかしながら、その後の 1964 年の第一次改訂、1989 年の第二次改訂、1998 年の第三次改訂、2008 年の第四次改訂、そして 2017 年の第五次改訂と、改訂を重ねるごとに、「領域」の意味するところは大きく変遷してきている。

　1956 年教育要領では、「幼稚園教育の目標」において「最善の成長が促されるように努力する必要」を強調し、「子どもの興味が出発点である」という 1948 年保育要領(文部省)の前提は撤回された。この「最善の成長」を支えるものが「望ましい経験」であるとされた。「望ましさ」というのは、未来において実現する望ましさであるから、現在における経験と未来における意味との調和を前提としていた保育要領とは著しい相違がある。「望ましい経験」は、保育内容を「便宜上分類」したものであるとされた。経験の分類であるから、当然ながら知識の分類としての教科とは異なる。カリキュラムの編成は、適切な経験の配列によるものとなるのであり、活動配列論としての性格を色濃く有している。幼児教育の方法の独自性を、学校教育における「生活指導」の形態と同質のものとして位置づけ、幼児生活全般を通しての学びに配慮は示しているが、方法論以外において幼児教育の独自性を提起することができていなかった。

　1956 年教育要領は、1964 年に第一次改訂がなされ、文部大臣による告示となった(文部大臣告示である学習指導要領と同等の位置づけを得た)。その前年、厚生省、文部省局長の共同通知以来、三歳以上児の教育に関する保育内容は、教育要領と保育指針で同内容とすることが基本路線となったため、1965 年にはじめて厚生省から通知された**保育所保育指針**においても、3 歳以上に関する記述は基本的に教育要領と共通する(保育所保育指針が大臣告示となるのは 2008 年をまたねばならない。1965 年、1990 年、1999 年の保育指針はいずれも厚生省児童家庭局長通知として発出された)。

　1956～1990 年の間は、いわゆる「6 領域」時代である。領域は、1964 年教育要領では、領域ごとに「のぞましい活動」を列挙し、多数の「ねらい」を羅列したものとなった。6 領域とは、「健康」「社会」「自然」「言語」「音楽リズム」「絵画製作」であり、各領域が、小学校の特定の教科(のみ)と接続・対応するものだというように誤って捉えられる危険性をはらんでいた。というのも、各領域を個別に取り上げ、特定の活動と結びつけて時間割化するような、「領域別」指導が横行したのである。これは誤解であるが、この誤解は広く現場に行き渡った。幼児教育の「小学校化」と呼ばれる事態である。

　1964 年教育要領では、カリキュラム構成を「望ましい幼児の経験や活動を選択、配列」

することだとしている。ただ、1964 年教育要領における「望ましい経験と活動」は「目標群」、「ねらいの束」であるとされている点が新しかった。つまり、1956 年教育要領においては、「望ましい経験」は分類された具体的な活動そのものを意味していたのだが、1964 年教育要領における「望ましい経験」は、分類された活動なのではなく、「具体的・総合的な経験・活動」なのであり、活動それ自身が細分化されうるとはされていない。

　四半世紀ぶりの画期となったといわれる 1989 年教育要領においては、中心理念として**「環境を通した教育」**が提示された。それは、①子どもの主体性の重視、②遊び活動の重視、③個別性の重視という三つのモメントを包括する概念である(倉橋惣三の保育理念の再興とも評価されることがあるが、むしろ 1989 年教育要領の理念は、臨時教育審議会が提示した教育理念に親和的なものだと捉えた方が適切である)。「環境」というのは、あくまで子ども自身の「生活」の中に、それと不可分に編み込まれたものであるとされる。「生活の中で自分の興味や欲求に基づいた直接的、具体的な経験」を通して子どもは学ぶのであり、「生活」の目標は、主体における「充実感」の醸成であるとされる。このような 1989 年教育要領の立場は、それに先立つ 1964 年教育要領が「技能や知識の習得」に重点をおいていると解釈されがちであったことに対する批判から来ている。1964 年教育要領が、技能や知識の獲得のために、教師が「望ましい活動を選択する」ことによって教育課程を編成するという視点に立っていたことを、「教師中心」的であるとして批判しているのである。それゆえ、1964 年教育要領から 1989 年教育要領への転換は、「活動の選択論」から「環境の構成論」への移行と見ることができる。

　1989 年の第二次教育要領改訂では、従来の 6 領域が現行の「健康」「人間関係」「環境」「言葉」「表現」の 5 領域に再編された。同要領においては、領域は子どもを見るための「視点」であるとされ、保育者にとっての道具的概念であるとされた。「環境」が新たに加わったことが主な変更点である。これ以降現在に至るまで、子どもの主体性を重視しつつ、環境を通した教育、**「遊びを通した指導」**を行うことが基本理念として掲げられている。

　1989 年教育要領では、保育内容としての活動の総合性という 1964 年教育要領の考え方を引き継ぎつつも、経験の「望ましさ」という規範的な記述を取り払って、子どもの活動の自己展開を目指す「遊びを通しての指導」に焦点が移行した。このことは、1956 年、1964 年教育要領に見られた「活動配列論」が抛棄されたことを意味している。「ねらい」は、心情・意欲・態度という子どもの「内面」の育ちの側面から記述され、獲得されるべき知識・技能の側面からは捉えられていない。心情・意欲・態度という内面の育ちと、「環境による教育」というときの環境との関連は、それが内面的な相互作用であるため、保育者が内面と環境の関連を捉えることには困難が生じる。それゆえ、1989 年教育要領では、子どもの内面を見通すような観察・理解が重視されている。しかし、教育要領の中で、子ども理解の基

本的な枠組みが提示されているわけではないので、子どもを理解することが、永続的な、果てしない行為になってしまったのである。

　1998 年の第三次教育要領改訂を承けた 1999 年保育指針においても、5 領域の枠組みは維持された。1999 年保育指針において、従来の「年齢区分」の記載が「発達過程」と改められ、年齢ごとの一律の発達段階としての年齢ではなく、個人差を踏まえた発達の目安としての位置づけが与えられた。発達を、「年齢が上がるにしたがって均一に進むもの」と見ないことを強調したものであり、〈早い／遅い〉を含めて、一人一人の子どもが個人差をもちながら通過していく目安を示したものである。

　2008 年の第四次教育要領改訂、および同年の保育指針でも、5 領域はそのまま維持された。同年改定の保育指針は、それまでの通知から厚生労働大臣の告示とされ、大臣告示であるという点において、教育要領と保育指針が同列となった。

　直近の改訂は、2017 年の第五次改訂である。幼児教育が、義務教育以降の学びの基礎であることを明確にした上で、教育の目標として三つの資質・能力を育むことが明示され、小学校以降の学びへの接続が重視されるに至った。このことは、幼稚園、保育所、認定こども園（幼保連携型認定こども園教育・保育要領も同 2017 年に改訂告示）の施設種別を問わず、これらがいずれも幼児期における「教育」を行う機関であることを明示し、種別ごとの「教育」内容に齟齬が生じないよう、「教育」の目標である「資質・能力」像の統一化が図られたのである。このことが、幼児教育・保育の特性を損ねること（義務教育への屈服）に繋がるのか、学校教育に直接的に接続していくものとして幼児教育・保育の重要性を強化すること（生涯学習の基盤としての定礎）に繋がるのかについては、評価が分岐している。3 告示は、通例であれば、2027 年前後に改訂されるであろう。5 領域の枠組みに変更が加えられるか、三つの資質・能力、10 の姿が引き継がれるか、という点が改訂に際しての焦点となろう。

4. 子どもの発達特性と保育内容の展開

　子どもの発達の支援が教育である以上、保育者は子どもの発達を捉える基準を有していなければならない。発達は、個人によってその過程が大きく異なるため、当然調和的・全面的な進み方をしていくわけではないから、発達の諸側面を複眼的に捉える複数の基準が必要となる。例えば、少なくとも①身体的発達、②認知的発達、③情緒的発達、④社会的発達の 4 つの側面を捉える枠組みが必要になってくる。発達の諸側面を捉える枠組みをつくり出そうとするとき、参考になるのが発達心理学における発達課題論である。

　発達課題とは、子どもがスムーズに発達を実現していくために、その発達上の諸段階において達成することが勧奨される課題群である。ハヴィガーストは、自己の発達を捉える視点を、①身体の成熟、②社会からの要求、③個人が達成したい目標・努力など、複数の広範な視野から列挙している（このほかの発達課題論として、自己と対象（周囲のモノ・他者）との関係性の結び方の発達に着眼したエリクソンの漸成的発達段階論などが広く知られる）。発達心理学における発達課題論を理解することは、保育者にとっては、個々の子どもの、発達上のポイントともいうべき視点、目安を精緻化するために活用できる。

　ただし、発達課題は、それが適時に達成されなければ、その後の発達に取り返しのつかない悪影響を及ぼすというような決定論的な概念ではない。子どもが自らの生活経験を充実させていく結果として、これらの発達課題が達成されていく姿が現れてくるというように捉えるべきであり、未達の発達課題を達成させるために子どもたちに特定の活動を強制するというような振る舞いは本末転倒である。発達課題というのは、それを達成しようとする子どもの自己課題なのであり、大人が子どもに課すものではないのである。現行の教育要領・保育指針等においては、発達課題、発達段階という語は用いられておらず、「発達過程」という表記に統一されている。これは、発達課題、発達段階が、いずれも、全ての子どもが達成すべき・踏み越えていくべき通過点としての基準として見なされることを避けようとしているからである。発達課題、発達段階という語には、どうしても、普遍的な価値基準としての性格がまとわりつくため、そこからの「逸脱」に保育者の注意を向けさせる効果を持ってしまう。それに対し、「発達過程」という語においては、普遍性・基準性・規範性という性格が弱められ、個々の子どもの発達へのあゆみという個別性・物語性という含意がある。

　ハヴィガーストは、乳幼児期の課題として、次の 9 項目を列挙している。

　　（1）歩行の学習
　　（2）固形の食物をとることの学習
　　（3）話すことの学習

(4) 大小便の排泄を統御することの学習(排泄習慣の自立)

(5) 性の相違及び性の慎みの学習

(6) 生理的安定の獲得

(7) 社会や事物についての単純な概念形成

(8) 両親、兄弟及び他人に自己を情緒的に結びつけることの学習

(9) 正・不正を区別することの学習と良心を発達させること

　上記 9 項目のうち、(2)、(4)、(6)、(8)は「養護」の保育内容とかかわりが深い。つまり、これら 4 項目は生活習慣の自立に関わる。その他の項目は、基礎的な規範・ルールの習得、環境についての単純な理解、周囲の人間との絆の形成などに関わる。つまり、これらの発達課題は、①自分をコントロールできること(自律性の獲得)、②周囲の他者とコミュニケーションをとれること(社会性の獲得)に関するものである。

　これらの発達課題の達成をいわば側面から援助するのが保育者の役割ということになるのだが、子ども自身にとってみれば、これらの発達課題の達成は、自らの欲求を充足する能力の獲得プロセスだということもできる。社会心理学では既に古典となっている前述のマズローの欲求階層説によれば、人間の欲求は、基礎レベルから上層レベルまで複数の階層に分れている。最下層に位置する最も基本的な欲求が①生理的欲求である。これは、衣食住に関わる欲求である。その上層に位置するのが②安全の欲求である。身体的・精神的な安定を志向する欲求である。その上層に位置するのが③集団と愛の欲求である。集団への帰属、他者との情緒的な絆(愛着)を形成したいという欲求である。その上層に位置するのが④承認と自尊心の欲求、最上層に位置するのが⑤自己実現欲求、アイデンティティの獲得(主には青年期以降)の欲求である。

　①生理的欲求の充足が生命の保持に相当し、②安全の欲求の充足が情緒の安定に相当する。つまり、5 層の欲求階層の下位欲求の充足は、養護の内容と重なる。③集団と愛の欲求、④承認と自尊心の欲求、⑤自己実現欲求は、領域「人間関係」「環境」「表現」を中心としながら、保育内容の 5 領域、つまり「教育」の内容に深く関わることが見て取れる。

　この欲求段階論を下敷きにしながら、保育構造論という保育計画案を見ると、理解しやすい。ここでは、我が国の代表的な保育構造論として、コア・カリキュラム論の影響を受けた大場牧夫が、1970 年代に提示した保育構造論を見ておこう(図 4-1)。まず、最下層には、個人と集団の変革が位置づけられている。この個人・集団の変革と密接に関わり合うとされるのが、健康、社会、自然、言語、音楽、絵画の 6 領域である。この 6 領域における具体的な知識・能力の育成には、保育者による働きかけ、指導が重要だとされる。この基礎となる 2 層の上に、あそび、生活と仕事、課題に向かう活動という 3 層の活動が位置づけられる。こ

れら3層の活動は、いずれも集団の中で、集団を発展させるような形で展開されるものである。6領域の活動で子どもたちが得た知識・技能は、上層のあそび等の活動においても発揮され、それらの活動を活性化していくものとして捉えられる(この6領域は、1964年教育要領に示されたものと同様である)。あそび、生活と仕事、課題に向かう活動の3

課題に向かう活動					
生活と仕事					
あそび					
健康	社会	自然	言語	音楽	絵画
個人集団の変革					

4-1 大場牧夫の保育構造論

層は、二つの下層に支えられ、特に、領域における活動の成果が上層の活動へと反映されることが目指されている。

　重要なことは、園における生活の最基層に、「個人と集団の変革」が据えられていることである。すなわち、個人と集団との弁証法的な関連の発展が、園生活の基礎となるとされている。このことは、大場の保育構造論において、人間関係論が基盤に据えられていることを示している。

　もう一つの保育構造論として、集団主義保育運動を主導した保育問題研究会の流れに位置する宍戸健夫が、1980年代に提示した保育カリキュラムの構造論を取り上げてみよう(図4-2)。ここでいう「保育構造」とは、保育内容を子どもの「生活」「活動」「経験」を中軸として組み立てたカリキュラムのことである。上記三つの軸が互いに緊密に相互作用し合うことを強調する点で、既に述べた活動を時間割的に細切れにする「領域別指導」に対する批判から生まれたといえよう。

　第1層(最下層)に位置づく「基本的生活の形成」は、個々人によって毎日繰り返される生活習慣の成立へ向けた活動である。その上層に位置する第2層(中間層)に位置する「課業活動」「遊び活動」「クラス運営活動」は、クラスの集団の中で子どもたちによって毎日繰り返されるルーティン的な活動である。これらの活動を通して、子どもたちは周囲の環境、自己への興味を育てていく。第3層(最上層)に位置する「集団生活の発展」は、下層の二つの活動によって積み重ねられた経験を活かして、子どもたちが共同して担う持続し発展する協同的活動である。集団で興味を共有し、計画・実行・試行錯誤・再挑戦などのプロセスを協同化しながら進めていく。

　既に明らかなように、保育構造とは、単に子どもによる活動の構造であるだけでなく、保育者にとってはねらいの構造でもあるし、子どもにとっては自らの経験の構造であり、同時に体験する時間の構造でもあるというように、保育をめぐって展開される様々な要素が、発

達を軸とした階層性を有しつつ、複合的に関連し合っていることを表現したものなのである。

　保育構造論は、戦後のコア・カリキュラム論や生活指導論など、教育学の成果を取り入れながら、1970 年代から 80 年代にかけて、複数のモデルが提案されてきたが、1990 年代より影響力の凋落が見られた。その背景には、保育内容を子どもの内的体験に即して規定しようとする 1989 年教育要領の理念が普及したことがあるだろう。前述のように、1989 年教

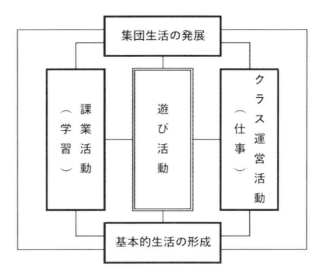

4-2　宍戸健夫の保育構造論

育要領では、保育方法として「環境を通した保育」「遊びを中心とした指導」が前面に出され、活動の総合性が強調された。活動の総合性というのは、ある活動の中に複数の相異なる機能とそれが子どもにもたらす体験の複層的な意味を重視する発想から生じるものであるから、目的・機能によって分類される諸活動の構造化によって子どもの生活を発展させようとする保育構造論の理念とは相容れないものと捉えられたのである。

5. 乳幼児期の認知特性から考える適切な保育内容

　本講では、児童心理学者ピアジェの発達理論に沿いながら、年齢ごとの認知・運動の発達特性を押さえ、それに適合的な保育者の関わりについて見ていこう。ピアジェの認知発達理論に対しては、それが個人主義的、個体主義的に過ぎており、周囲の他者との関係性の中で認知構造が協同的に形成されていく過程を無視してしまっているという批判が寄せられてきている(特に、ワーチら新ヴィゴツキー主義者からの批判)。確かに、ピアジェの子どもに対する認知課題のテストでは、子どもが単独で調査者である大人と向き合い、日常的なやりとりとは隔絶したような、不自然な問いが発せられる。そこでは周囲の他者とのコミュニケーションがなく、子どもは孤立させられたまま、大人による非日常的な問いに答えることが求められている。そのような「不自然」なテストでは、子どもの自然な・日常的な認知能力と、その発達を捉えていくことはできないというのが、ピアジェの研究方法に対する批判であった。それは、もちろん意味のある批判であり、首肯できる部分がある。しかしながら、そのような特殊な環境を作りだして行われたピアジェの子ども研究であるが、そこから導き出された特筆すべき知見がある。それは、子どもは、大人とは違った独自の世界の捉え方の枠組み(シェマ)をもっているということである。子どもは、子どもなりの方法をもって世界を認識しようとしているのであり、子どもなりの認識の仕方と、大人の認識の仕方のズレが、「間違い」として大人には受けとめられる。つまり、子どもが「間違う」ということは、子どもなりの世界認識の枠組みが確かにある、ということの証拠にほかならないのである。

　①0〜2歳頃の低年齢児の発達段階を、ピアジェは「感覚-運動期」と捉えた。感覚(見る、聴く、触るなど)と運動(つかむ、つまむ、噛むなど)によって外界を把握・認識することが、この時期の認知の特色だとした。子どもの認知行動は、最初は自分の身体の一部分を自分で刺激する第一次循環反応に始まる(循環とは、繰り返されるという意味である)。その後、働きかけの主な対象は、自分の身体から外界の事物に移っていく。行き当たりばったりの行動による、環境の偶然の変化を確認する第二次循環反応から、自らの働きかけによって、環境がどう変化するかを予測して対象に働きかけ、因果関係を確かめようとする第三次循環反応により、環境の性質と、そこに働きかける自分の能力の存在を確かめていく。この時期の認知発達にとって重要なことは、くり返しくり返し、ある感覚や運動を楽しむことである。感覚、運動の機能そのものを楽しむことがこの時期の遊びであり、学びなのである。子どもにとっては、自らが持つ身体機能を発揮すること それ自体が楽しく、快をもたらすものだということを、ビューラーは「機能の快」と名づけている。同じように、ジャーシルドは、子どもが自分の中で育ってきた機能を自分から進んで使おうとするという性質を、「自発的使用の原理」と呼んでいる。つまり、子どもが動かそうとする身体部位は、まさにそれが発達の

最中にあるものだということである。子どもは、自分の身体のどこが今まさに育っているのかを知っているということである。

　保育者は、この時期の子どもが一つの感覚を反復して楽しめる環境を準備する必要がある。その際に重要なことは、五感以外の感覚(体性感覚、内臓感覚などの深部感覚)を使える機会を保障することである。微細運動だけでなく、粗大運動をも楽しみながら、全身で環境について学んでいくのが感覚-運動期の子どもの認知上の特質である。

　3〜6歳頃の高年齢児期を、ピアジェは「前操作期」と呼んだ。操作とは、頭の中でイメージや概念を組み合わせながら思考することであり、そのような思考が可能になる直前の段階を、ピアジェは前操作期と呼んだのである。この時期の認知の特性として、ピアジェは**自己中心性**を挙げている。自己中心という言葉に倫理的な意味はなく、この時期の子どもは、自らの環境の捉え方以外の環境認識の仕方があるということに気づくことができないということである。相手の立場に立って見るということ、考えるということが困難であり、自分の見方、捉え方に縛られてしまうというのが、自己中心性の意味である。

　前操作期は、やがて出現してくる操作のための素材であるイメージを蓄積する時期である。イメージの蓄積は、豊富な身体的経験、体験によってなされる。つまり、身体的・具体的・体験的学びは、乳幼児期に経験するべき学び(遊び)の特徴である。子どもは、自らの身体を動かしながら、周囲の環境に関わりながら学んで(遊んで)いく。その過程で、五感と身体感覚を総動員して、感覚的なイメージを多く蓄えてゆく。この感覚の蓄積としてのイメージが、ゆくゆく獲得される言葉の意味の核となるのである。

　前操作期の子どもの特徴として、表象機能の獲得を挙げることもできる。表象能力とは、あるモノを、別のあるモノで置き換える、見立ての能力である。目の前にあるモノで、目の前にはないモノを置き換える能力ともいえる。この時期の子どもは、シンプルな形・色をした素材を好むが、積み木などのシンプルな素材は、様々なモノに自由に見立てることができるためである(特定の自動車を再現したミニカーや、特定のキャラクターを再現したキャラ人形はその対極であり、子どもに見立ての能力を求めてこない。「ウルトラマン」のフィギュアを、ウルトラマン以外に見立てること、「アンパンマン」のぬいぐるみをアンパンマン以外に見立てることなどはほとんど不可能であろう)。

　これらの時期を経て、就学期には、子どもは具体的操作期へと入っていく(6〜11歳)。この時期になると、子どもは具体的に触れうる身の回りの物事については論理的に考えることができるようになる。例えば、物事を分類する、「AをBしたら、○○になる」というような思考実験(操作)ができる。思考が、文章の形で導かれるようになるといってもよい。操作とは、既に述べたように、(予測に基づいて)頭の中で物事の動きと変化をイメージすること

である。社会性の面では、関心と問題意識の共有が容易になり、周囲の子どもとの協同ができるようになる。

　やがて、小学校高学年から中学校にかけて、形式的操作期(12歳〜)へと移行する。この時期になると、自らが体験しうる身近な生活圏を超越して、文字情報のみによって、抽象的な事柄(自分が体験していない事柄、目に見えない事柄)について思いをはせ、思考し、学ぶことが可能になるとピアジェは考えた。

　以上の認知の発達段階を踏まえると、子どもの学びの発達の様相を理解することが容易になる。子どもの学びの発達について、平易に解説している無藤隆の学び発達論を紹介しておこう。無藤は、子どもの学び(遊び)を、三つのモードに分類し、この三つのモードが、発達の過程の中で重層化していくと捉えている。無藤の学びのモード論は、発達の重層化論、構造論としても読むことができる。まず、最も基底にあり、原初的に重要な学びのモードが①「入り込む学び」とよばれる。その場に入り、一定の時間を過ごし、また繰り返しその場に出かけ、またその場で動きまわって活動し、その場の中の諸々のモノについて、いろいろな角度から関わりつつ見ていく学びである。子どもが、学びの対象に対して、多方向から関わることが特色である。場の環境のいろいろなモノに、子どもが取り囲まれながら、それに働きかけていくのである。モノそのものが、子どもに関わり方を誘発するから、モノのコーディネートが保育者の重要な役割ということになる。その次に出現する遊びのモードが②「眺める学び」である。このモードにおいては、子どもは環境に対する全面的な関わりをやめて、場から一歩引き、ある感覚(例えば視覚、聴覚)に焦点を合わせ、そこだけで対象をとらえようとする。つまり関わりの焦点を絞った集中的な学び、感覚限定的な学びということもできるだろう。このモードにおける保育者の役割は、子どもに、場から一歩「引き下がれる」場を与えることである。子どもが場に「参加していない」状態を許容するのが、ここにおける保育者の役割ということができる。学びの諸モードの最上層に位置するのが③「想像力による学び」である。このモードでは、②までの直接的・身体的・感覚的な学びよりも、他者の言葉を介して経験を広げること、精神内でのイメージを操作する学びに焦点化される。言葉による学びは、他者の言葉を受けて、そこからあたかも自分が体験したかのように感じる追体験、疑似体験による学びである。言葉を介して、子どもは個別・具体的な状況を、一般的・抽象的な意味合いへとつなげていくことが可能になるのであり、このモードが子どもに内在化されることは小学校以降の学びへの接続のための必須条件といえる。この段階における保育者は、子どもに対して他者からの言葉を伝える伝え手としての役割、および子どもにとっての重要な他者として、子ども自身の言葉による語りを聴く相手となる聞き手としての役割を担うことが求められる。

6. 保育における環境

　1989 年改訂の教育要領以来、「**環境を通した指導**」が幼稚園教育の基本原理として提示されている(ただ、ここで注意するべきことは、教育要領・保育指針等における「環境」は、「教育・保育方法としての環境」、ねらい・内容の複合体である「領域としての環境」、子どもを取り巻く「保育の環境」という三つの意味が込められた多義的な概念だということである)。教育・保育方法の理念としての「環境」は、幼稚園教育、保育所保育、認定こども園保育・教育にも共通する。「環境」とは、environment の訳語であり、原語のニュアンスをくみ取れば、何ものかの周りをぐるりと取り巻いているものである。このような環境の定義は、システム論的な考え方に拠っている。システム論的な環境把握においては、環境は人間に影響を与え、人間は環境に働きかけうるという相互作用と、相互変容にもかかわらず環境とそれに取り巻かれる主体が、ゆるやかな全体性の中に包含されていることが重視される。ただ、子どもの生活を取り巻くモノ・コトを全て「環境」と見なすなら、環境は「望ましい環境」と「望ましくない環境」が区別されることになる。その場合、狭義の環境としての「保育環境」は、全事象としての環境から、「望ましくない環境」を注意深く除去して、「望ましい環境」の要素だけを精選し再構成した人為的な場(トポス)を意味することになる。つまり、園内環境は、保育者の選択と配列によって再構成された、世界の縮図だということになる。

　保育をめぐる環境は、このように全事象としての環境と、人為的に再構成された狭義の「保育環境」の複合として理解されるべきであり、このことを検討する際、システム論的発達論が役立つ。「生態学的システム」として発達環境を定義したのは、ブロンフェンブレンナーである。彼は、人間の生きる世界を、人間にとって近いものから遠いものへ 4 つの層に分ける同心円状のモデルを描いた。システムの各層が入れ子構造を成しながら、ゆるやかな全体性を構成していると考えた。ここでは、人間主体を子どもと見なして考えてみよう。子どもにとっての最も近接的な①マイクロ・システムは、家庭、保育所、幼稚園などであり、子どもが直接関わる環境である。その外部を包含する②メゾ・システムは、両親の仲、友達同士の仲など、子どもにとって直接的に関係する人同士が結ぶ相互作用によって形成される。さらにその外部を成す③エクソ・システムは、子どもにとっては間接的な環境であり、父親の職場環境、ママ友の人間関係、近隣住民との付き合いなどが含まれる。もっとも子どもからは遠くかつ巨大な環境として④マクロ・システムを想定することができる。日本社会の政治・経済・文化の状況、日本人の価値観などの文化など、物質化されない理念など目に見えないものも含むものである。後年、ブロンフェンブレンナーは、⑤クロノ・システムという概念を上記の四層に追加し、これらの時間の流れの中での変化をシステム論に加えた。生態学的システム論が示唆することで重要なのは、子どもにとっての環境は、ミクロの環境だけ

に留まらず、外部のより規模の大きい環境との相互作用の中で生成維持されているということを、保育者が意識することの必要性である。

　教育要領、保育指針等によれば、保育の環境は、三つの要素・層からなる。①**人的環境**。子どもを取り巻く保育士、他の子ども、園に出入りする地域住民などが該当する。②**物的環境**。施設・遊具・玩具などの目的的・意図的に構成されたもののほか、気温、空気の流れ、音環境などの不可視のものも含まれる物理的環境である。③**自然、社会の事象**。ミクロな保育環境を取り巻く、メゾ・マクロレベルの環境である。自然には、動植物などの生物のほか、地理、気象、天文などの地学的現象、光、磁力、重力などの物理的現象も含まれる。

　子どもは、さまざまな環境との相互作用により発達していく。乳児期から幼児期への発達過程は、子どもが働きかける環境のエリアが拡大するプロセスであると同時に、子どもの環境に対する働きかけの方略が多元化し、豊富になっていく過程でもある。

　保育者が、子どもにとっての環境の意味を捉える際に有益な見方として、「アフォーダンス」理論がある。**アフォーダンス**とは、環境が、動物に与える(afford)意味あるいは情報であり、認知心理学者のギブソンが提唱した概念である。アフォーダンスは、「その環境に生きる人にとって現れてくる行為の可能性」、「人にとっての環境の性質」だと説明される。アフォーダンスは「人が主観的に構成するもの」ではなく、「環境の中に実在する、人間にとって価値ある情報」だとされる。アフォーダンスとしての環境の意味は、単に主体としての人間が認識し付与するものではなく、主体と環境が相互作用する中で現われてくるとする、いわば逆転の発想である。保育者は、子どもがその環境に接したとき、何をしたくなるか(どう関わりたくなるか)、子どもにどういう行動を誘発するかを考察することにより、その環境が子どもに対して持つ意味、メッセージ(アフォーダンス)に接近することができるであろう。例えば、小さくて球形の物体は子どもに「つまむ」「口に入れる」などの行為をアフォードするだろうし、長い廊下の真ん中に置かれた大きな植木鉢は、「走らずに歩く」ことをアフォードするであろう。環境の子どもに対するアフォーダンスを先回り的に把握して、必要に応じて調整することにより、保育者は子どもの行為を方向づけるのであり、この方向づけの試みが、「環境を通した保育」における「ねらい」の設定にほかならないのである。

　ただ、物的環境が有するアフォーダンスは、単一ではない。モノは複数のアフォーダンスを同時に持つ。ということは、そのアフォーダンスへの応答としての行為にも、常に複数の可能性が与えられているということである。アフォーダンスの多様性に応答する仕方を増していくことが発達であるとするならば、保育環境を構成するとき、物的環境の持つアフォーダンスの多様性を重視しなければならないのは当然である。

　さらに、環境に対する働きかけ方(行為)によってアフォーダンスは変化していく。そして、変化したアフォーダンスに応じるように、後続する行為可能性も変わっていくのであり、行

為とアフォーダンスは常に相互作用的な円環関係の中にある。その意味で、子どもは園内の物的環境に合わせて遊んでいるのである。子どもにとって馴染んだ遊びの場においては、特定の場とモノ、そして活動が一つのセットとなっている。しかし、その場において構成されたモノと活動とのセットは、決して固定的・静態的なものではない。子どもが遊ぶということは、アフォーダンスに気づきそれに応じるということであり、同時に、新たなアフォーダンスを創り出すということでもある。

　以上のアフォーダンス理論を踏まえれば、望ましい保育環境の条件としては、次の6点に留意するべきである。①子どもが自分から関わりたくなってしまうこと、②安全で、安心できること、③一人で楽しめるだけではなく、誰かと一緒に楽しみたくなること、④それだけで完結せず、別の環境と結び合う発展性をもつこと、⑤さまざまな働きかけ方が可能な多面性・多義性を持つこと、⑥子どもの多様な働きかけに対して、多様な変化を示すこと（可塑性・応答性）。

　保育者は、子どもと共に、環境に関わる共同作業者である。環境は、構成してしまったら固定されてしまうのではなく、常に新しく変化していく再構成の可能性、変容可能性に開かれたものであることが望ましく、保育者と子どもは共に意図的に環境を作り変え続け、環境の中に自らの活動の履歴を刻み込んでいくことで、環境を自らにとって二人称的なものへと作り変えていく。

　忘れてはならないことは、保育者自身も人的環境だということである。保育者は、環境の構成者、再構成者であるだけではない。保育者は、人的環境として子どもの前に立つとき、**カウンセリングマインド**（ロジャーズが提唱した来談者中心療法におけるカウンセラーの基本姿勢）を有することが専門職倫理として求められる。つまり、子どもに対して、①一致性・純粋性（正直かつ真剣）、②完全な受容（とりあえず何でも聞く、受けとめる）、③共感的理解（味方になる）を持ち接することが倫理的要請である。この態度の背景には、子どもが「意見表明の主体」であるという理念がある。

　ただし、共感的関係は、しばしば一対一の排他的なカプセル状のものとなるだけでなく、そこで行われている保育実践に対する省察を行いにくくし、保育実践、特に子どもとのコミュニケーションの過程が子どもにとって有する意味の解釈を硬直化させてしまう危険を常に有する。特定の子どもとの関係性への没入は、そこからの相対的な距離のとり方が可能になって初めて、保育者の専門的スキルということができるであろう。小川博久のいうように、子どもとの一対一の関係性はあくまで理念としての擬制^{フィクション}にすぎない。擬制であったしても、そのような一対一の関係性が成立していると子どもに信じさせることができれば、子どもは保育者の行う活動に「威光」を感じて誘惑され、模倣する。それによって子どもの活動の範囲が広がり、発達が実現していくのである。

7. 遊びを中心とした保育

　本講では、教育要領・保育指針等における基本理念「生活や遊びを通して総合的に保育する」ということについて見ていこう。生活と遊びに共通することは、それが総合的な営みであり、かつ、何かの目的に向けた目的合理的な営みではないということである。つまり、生活も遊びも、それ以外のより小さな単位的な活動に分割できない行為である。「(領域別指導、課業的活動とは異なった)総合的な活動を実践する」ということではなく、「(生活や遊びを媒介させるという)総合的な方法で保育する」ということである。生活や遊びは、単に活動のタイプのことなのではなく、保育の方法でもあることに注意しておきたい。

　さらに、生活と遊びは、強く結びついている。遊びは必ず生活の中に位置づくし、生活の中における諸能力は遊びの中で涵養される。乳幼児期の遊びが生活の中に埋め込まれているということから、乳幼児期において遊びと学びは区別できないということが帰結する。子どもにとっての遊びは、周囲の環境との関わりであり、周囲の環境への働きかけと、環境からの働き返しの受けとめという相互作用を通して、子どもは周囲の環境の性質について学ぶと同時に、環境への働きかけ方の多様な技法を習得していく。まさに、遊びは子どもにとって、身体と感覚を通した直接的な経験なのであり、この直接的な経験を通した子どものイメージの獲得が、間接的な経験、すなわち言語・文字による学習を支える基盤・核となるのである。

　遊びを捉える視点として重要なことは、子どもの遊びを、①内的活動と外的活動という二側面の不可分な絡み合いとしてみること、②外的活動を、他者との具体的な関係を軸にしてみること、③内的活動を内的操作(思考)としてだけではなく、他者に対するイメージ(理解)、自己に対するイメージ(理解)という三側面から把握することである。

　ここでいう「活動」とは、外在的な世界・環境に対する関わりの単位である。ただ、この「活動」は、行動主義心理学におけるように、単に外界からの刺激に対する反応なのではなく、子どもの内面を一旦くぐらせた上で発現するものであるから、子どもの内面に主体性の座が据えられる。「子どもが対象に働きかける活動は、内的な過程を介して働く」という発想はヴィゴツキー学派が提示したものである。保育者は、環境に働きかける際の「外的に見える活動・行為」としての外的活動と、その結果として、子どもの内面に獲得されるイメージを扱う内的活動の両側面に注目する必要がある。

　外在的な環境への働きかけとしての活動は、他者との関係によってこそ実現し、深められる。個人主義的に、孤立した存在として子どもを見るのではなく、関係的に自己形成する主体として子どもを捉えることである。子どもが活動する際に依拠する社会的関係とは、具体的な他者との相互作用のみならず、文化的・歴史的継承物としての道具や言語を使用することとしても現れる。

　活動の一側面である内的活動における「内的操作」は、外的行動・操作を行い、それを自己の中にイメージとして蓄える結果可能となる思考である。内的操作は、外的な行為・操作の予測と、外界に対する意味づけ・興味・態度という二つの活動からなる。この予測と、意味づけ・態度決定が、社会的な関係性、他者に対して行われるとき、その操作は「他者へのイメージ」となる。一方、「自己イメージ」とは、自分にとっての自信の把握、自分の帰属に関する認識であるアイデンティティの構築を含む活動である。内的操作、すなわち思考は、自己イメージ、他者イメージを抱くことと絡み合いながら、並行的になされるものである。

　以下では、過去の遊び研究の成果をいくつか紹介しながら、遊びという活動の特色について見ておこう。遊びの発達過程を研究対象としたパーテンは、他者とどのように関わり合いながら遊ぶかに着目し、遊びの中に見いだせる社会的相互交渉の変遷によって、遊びを発達上出現する順に、次の5つの段階に分類した。①ひとり遊び。2歳ごろよく見られる。ひとりだけで遊びに熱中する遊びであり、他者の振る舞いは関心の外におかれる。②傍観的行動。2歳ごろ見られる。周囲の他者が行っている遊びには参加しない。他児が遊んでいるのを眺めて、学ぶ行動である。③平行遊び。3歳ころよく見られる。他児と同じ場所で遊ぶが（遊びの伝染）、他児との積極的な関わりは持たない。④連合遊び。4歳ごろから見られる。他児と一緒に、同じ遊びをする（イメージを共有する）。⑤協同遊び。5歳ごろ見られ始める。複数の子どもが、遊びのイメージと目的を共有し、役割分担する。ただ、これらの遊びのパターンは、新しいパターンが現れたらそれ以前のパターンが消えてしまうというものではなく、それぞれの年齢において主導的に見られる遊びのパターンを指摘するものにすぎない（5歳児にも「ひとり遊び」は当然見られるのであり、それを問題視するべきではない）。

　20世紀前半までに提示された遊びの古典理論においては、人間が遊んでしまうのはなぜか、という遊びの原因、動因についてのいくつかの見解が示されてきた。ただ、以下で紹介する4つの古典理論には、いずれも根本的な疑義が提示されているため、以下ではその異論も付記する。①剰余エネルギー説。遊びは、労働しても有り余ったエネルギーを消費するためになされるとする（疲れたときにも遊びたくなるのはなぜか説明できない）。②準備説・練習説。遊びは、大人になって必要になるような行動を、子どものうちに練習することであるとする（大人になってからも遊ぶのはなぜか説明できない）。③反復説。進化の過程で、かつての人類の祖先が行っていた行動が繰り返されるのが遊びだとする（過去には存在しなかった新しい遊びが編み出されるのはなぜか説明できない）。④気晴らし説。労働で疲れた心身を癒し、エネルギーを回復させるために行われるのが遊びだとする（労働しなくてよい子どもや老人が遊ぶのはなぜか説明できない）。⑤認知発達説。周囲の環境に関わり、環境の性質を学ぶことが遊びだとする。現行の教育要領・保育指針等の遊び観は⑤認知発達説に近い（認知発達説的な遊び観は、ピアジェの研究を理論的基盤としている）。ただ、⑤認知発達

説によって遊びを捉える場合、環境に関する「学び」となる遊びを称揚し、「学び」としての遊びの効果、機能に着目するため、子どもがどのように遊びを楽しんでいるのかという、子どもの現在の内面の揺動から注意が逸らされることになりかねない。

　遊びによって、人間は何を体験しているのかに着目して遊びの分類を試みたのは、カイヨワである。カイヨワは、遊びが自己目的的な行為であることを指摘したホイジンガの問題提起を引き継ぎつつ、遊びにおける体験の質によって、遊びを次の4つに分類した。①アゴーン(競争)。誰かと競い合う遊び。例えば、運動、スポーツ(サッカー、ボクシング、フェンシング、チェスなど)はこれに当てはまる。②ミミクリ(模倣)。自分自身のキャラクターを捨て去り、誰か別のキャラクターになりきる遊び。例えば、ものまね、ごっこ遊びなどである。③イリンクス(目眩)。現実的な知覚を破壊して、遊び手をパニック状態に陥らせる遊び。例えば、ブランコ、ワルツ、メリーゴーランドなどである。現在においては、絶叫マシンなどはこの例に当てはまるであろう。④アレア(偶然)。遊び手の力が全く及ばないものに決定をゆだねてしまう遊び。例えば、くじ引き、ルーレット、じゃんけんが挙げられる。

　ただ、ホイジンガやカイヨワの遊び論を、子どもの遊び保育論として即座に転用できるわけではない。ホイジンガやカイヨワは、人間の遊びを(1)きまった時間と場所で行われる、(2)きちんとした規則に従っている、(3)緊張と喜びのある非日常的なものである、(4)自発的な行為である、という4つの性格を持つ営みだとしている。ただ、子どもたちの遊びは、生活の中に織り込まれた日常的な活動だとみるならば、(3)遊びは非日常的な活動であるというホイジンガの指摘は不適切だということになる。子どもは「遊びが即生活である」といわれるほどなのに、「非日常的」なものだけを遊びとしたのでは、子どもの遊びの多くの部分は見落とされてしまうことになる。遊びは子どもの日常的な生活に編み込まれて一体化しており、遊びを日常生活から分離することは、少なくとも子どもにおいては不可能である。

　さらに、カイヨワは、遊びの特徴の一つに「非生産的な活動」であること、つまり金銭や新しい価値を産み出さないことを挙げているが、子どもは、遊びを通して、つねに何らかの「価値」を創出し続けている。それゆえ、仮にカイヨワのように、遊びを、価値を創出しない活動だとしてしまえば、子どもが遊びを通して、子どもなりの新しい価値を創り出したなら、その活動は、価値生産的であるがゆえに、カイヨワのいう「遊び」の範疇には収まらなくなってしまうだろう。

　くわえて、(2)遊びの規則性に関しても、子どもの遊びは一定のルールや規則を有するものの、それはゆるやかでルーズなものであり、しばしばそのルールは破られ、新しい規則が子どもたち自身によって作りだされていく。つまり、子どもの遊びは、規則的であると同時に自由な営みでもある。子どもの遊びは、このような「自由性」と「規則性」という矛盾する二面性をもっているところに特徴があるということを、ホイジンガ、カイヨワは捉え損ね

ているのである。

　要するに、ホイジンガやカイヨワの遊び論は、あくまで大人の遊びを検討しようとする目的をもったものであり、大人の遊びと子どもの遊びの相違に注意を向けておらず、特に子どもの遊びの特質を検討しようとするものではないのである。子どもにとっての遊びは、発達という変容を具現化する活動であるのに対し、大人の遊びは、「労働」を前提としており、「労働ではない」という点で、享楽的・残余的だという二義的な性格を脱することができない。大人にとっての遊びが放恣・享楽と捉えられがちなのは、遊びの対立項としての「労働」が常に念頭に置かれているからである。ところが、子どもにとっては、遊びの対立軸としての「労働」は存在しない。ここにおいて、大人の遊びを把捉する概念を、安直に子どもの遊びに適用することの不都合が生じてくるのである。

　子どもの遊びを捉えるためには、子どもの体験の質に即して検討することが必要であろう。「おもしろい」「楽しい」「もっと遊びたい」という内面の昂揚と、遊びは遊ぶこと以外に目的を持たないという自己目的性を踏まえることが重要である。ただ、子どもが感じる「おもしろさ」そのものを「遊び」と同値することはできない。やはり遊びという現象は、子どもの内的活動（おもしろさ、他者・モノへの興味・意欲）と、それと絡み合う身体的運動としての外的活動の双方から捉えることが求められるのである。

　遊びは、「本気・本当ではない」（＝遊びである）というメタ・メッセージを維持しながら、同時に真剣さを維持する（＝遊びであるということを言明・意識化しない）という矛盾する二つの条件を満たす行為であり、この二元性を持続していくことが求められる。このパラドクシカルな要求を、子どもは遊びという地平でいともたやすく両立させている。遊びであるということを知っていながら、それにあえて没頭していこうとする、というアイロニカルな態度がとられているのである。

　子どもの内面の昂揚やアニマシオンを遊び体験の核心に置く論者がいる。例えば矢野智司は、遊びの体験を、「自己」の溶解による自他の境界の消失、世界への没入による直接的交感としての「溶解体験」だとする。だが、自己が完全に「溶解」してしまうのであれば、遊びのアイロニカルな側面、つまり遊びでありながら没入する、没入しながら遊びだと意識する、という両義性すら「溶解」してしまう。遊びには自己の「溶解」をもたらすようなデモーニッシュな体験が含まれることは確かだが、「溶解」から再び自己が生成されてくる過程を記述しなければ、溶解と生成の反復としての子どもの変容を描ききることは難しい。子どもの主体性を重視する現在の保育理念と、遊びにおける主体の「溶解」に着眼する思考は、体験の質の捉え方において根本的な葛藤をはらむ。この葛藤を精緻に問題化していくことは、今後の子ども遊び論の課題であるといえよう。

8. 遊びのステージとしての園内環境の条件

　子どもにとって遊びが適切なものである条件として、保育者は次の5点を念頭に置いておきたい。①遊びが自由なふるまいであること。誰かからの強制がなされないこと。②遊ぶこと自体が目的であるということ。何かのために、何か特定の能力を身につけるための訓練は遊びではないということ。③ルールを守ること。社会的・集団的な活動であること。集団的な遊びを円滑に進めるためには、ルールの必要性が子どもに実感されることが重要である。④非日常的な感覚を味わえること。子どものアニマシオン（魂の揺さぶられ感、ワクワク感）を触発すること。

　建築家の仙田満は、遊び空間（環境）の6タイプを挙げ、遊び空間の多様な質の確保の必要性を訴えている。仙田によれば、遊び空間は、①自然スペース：森、林、草むらなど、②オープンスペース：広場、③道スペース：通路などの狭く細長い出会いの場、④アナーキースペース：ごちゃごちゃ、ぐちゃぐちゃ、散らかった場所、⑤アジトスペース：大人から隠れる秘密の空間、⑥遊具スペース：大人が子どもの遊びのためにセッティングした空間など、質の異なる複数のスペースの複合体であるべきである。保育者、すなわち大人から見て明るく、見通しやすい空間が、子どもにとっては必ずしも遊びやすい環境とは限らないということに注意が必要である。仙田が強調しているのは、子どもの遊びを促す環境は、必ずしも大人の意図性が込められたものではないということである。それは雑多で多義的な要素を含み、遊びのために特化された清潔かつ単純な空間ではない。暗がりのある空間、大人の視線から隠れられる（多孔質な）空間が子どもには好まれる。遊びにも多様な質があり、それを保障するためには遊び環境の多様な質を保障することが必要になる。環境の質は、決してモノの数量によって決定されるのではなく、子どもが利用しうる性質の多様性によって評価される。

　仙田の遊び空間論は、保育の質のうち、特にストラクチャー（構造）の質に関するものであるが、保育の質は、それ以外にも多元的な捉え方ができる。保育者と子どもとの関わりの質、応答的であり、受容的である子どもへの関わりは、プロセス（過程）の質に関わるものである。それに対して、保育室や園庭の面積、備える遊具や玩具の量と種類、子どもがくつろげる園内の雰囲気など環境の質は、ストラクチャー（構造）の質に関わるものである。それ以外にも、保育者の学歴や経験年数などは、保育者の質に関するもの、国や自治体の保育理念に関する志向性の質、保育を受けた結果、子どもの何が・どのように育ったかという結果に関するアウトカム（成果）の質などがある。

　特に、ストラクチャー（環境）の質を向上させるための4つの振り返り（省察）のポイントがある。子どもが①安心、②自己選択（自律性）、③自己超越（成長）、④没頭（熱中）できる環境こそが、質の高い環境と考えることができる。

　ただ、チクセントミハイのいうフロー体験、没入の「深さ」のみを遊びの質、「豊かさ」の基準として捉えることはできない。近年の遊び研究では、上記の④没頭(熱中)が、「遊びこむ」こととして捉えられ、「どれほど深く遊びこめているか」ということが、子どもの遊びの質を決定する第一の基準として受けとめられてきた。「遊びこみ」という没頭・熱中のみを称揚するのであれば、遊びの変化や転換の意義を捉えることができなくなるだろう。

　「遊びこみ」を規範化している保育者にとっては、子どもが「ぼーっ」と過ごすこと、友達ととりとめもなく関わり続けることは、没頭の度合いが低い非本来的な状況として受けとめられるだろう。ただ、子どもが単独で没頭(熱中)しておりさえすればよい、というわけではないのは、自閉症児が延々と時刻表を書き写したり、数十年先までのカレンダーを覚えようとする「没頭」が、「遊びこみ」の状態とはいいがたいことを思い浮かべれば明瞭である。

　つまり、子どもには、没頭(熱中)のモードとは別の、遊歩する、ぶらぶらする状態も必要とされるのである。無藤隆は、その状態を「眺める」モードと呼んでいる。園内で子どもが動きまわりながら「眺める」とき、子どもにとって、「面白いものがあるか」、「自分が何かできそうなものがあるか」を探索しているのである。立ち止まらず、ふらふらとそぞろ歩きながら、まわりを眺めている子どもをしばしば見いだすことができるが、彼ら・彼女らは、面白そうなものを探し求めて待機状態に入っているのであり、いざ狙いが定まれば、次なる熱中する活動へといつでも向かっていける臨戦的な準備の段階にいるのである。

　ただ、「眺める」ことが、即座に次の行動を触発するわけではない。やってみたいと思ったとしても、できなさそうだという予感があるのであれば、そのやってみたいという行動は、環境の中に沈潜し、いわば潜在化していく。子どもが、とりあえず眺めてみて、面白いなと思ったことは、たとえ難しすぎて今の自分にはできそうにないと思っても、「その園の中でいつかはできるようになるかもしれないこと」という可能性として認識されることになる。眺めた結果、とりあえずは何もしなかったとしても、そこでアフォーダンス(環境が行為主体に対して提供する行為可能性のこと。前述)として知覚されたことは、場に潜在する可能的な行為として埋め込まれることになるのであり、決して無駄になるのではない。

　子どもにとって「眺める」ことは、最初から対象が焦点化されているというわけではない。何かだけに焦点化する眺め方ではなく、ぼんやりと、拡散的に眺めるということも無駄ではない。眺めつつ巡る、その場をとりあえず「ひと巡りする」という運動もまた重要である。このような巡りつつ眺めるという動きを、仙田満にならって、無藤は「回遊」と呼んでいる。保育者にとって大切なことは、「眺めることが次の動きを誘うものかどうか」を見極めることなのであり、「何か特別なことをしていない」ということだけを取り上げて、問題視することではないのである。「何もしていないように見える」子どもを、「理解する」というより、「待つ」という姿勢が保育者に要請されているのである。

9. 全体的な計画と指導計画の作成

　保育の計画の作成は、保育の質、特に過程(プロセス)の質の向上のための、保育者による行為と見なされる。保育の計画は、保育内容を具体化する作業過程を意味するが、それを規定する関連法令には階層性があるため、保育内容の計画化・実践化にあたっては、関連職員による関係法令の相互関係に関する理解は、その前提として必須となる。保育所に関する法令は、上位のものから順に、児童福祉法(法律)、児童福祉法施行令(政令)、児童福祉法施行規則(厚生労働省令)、児童福祉施設の設備及び運営に関する基準(厚生労働省令)、保育所保育指針(厚生労働大臣告示)は、全国的な基準的文書である。これらの文書を踏まえて施設ごと作成されるのが、全体的な計画、指導計画(長期・短期)である。**カリキュラム・マネジメント**の概念が普及した 2017 年の保育指針改定以降は、計画のいずれのレヴェルにおいても、職員が共同して作成に従事することが求められるようになった。つまり、施設長(園長・所長)や主任保育士のみが計画作成に関与している形は望ましくないとされているのである。

　各園の計画作成の際に直接的に参照される公的文書は保育所保育指針であるが、2008 年改定までの保育指針では、保育内容および保育方法についての記述、つまりどう保育するかについての記載は見られるものの、保育が育てるもの、目標に関する記載は抽象的なままに留めおかれてきた。つまり、旧来の保育指針においては、保育実践を通して、子どもの中に「何を育てるのか」という点についての規定が曖昧であったのである。そのような保育目標の曖昧さを解消するために、2017 年改定の保育指針において導入されたのが、三つの「資質・能力」(三つの柱)に関する規定であった。すなわち、①「知識および技能の基礎」、②「思考力・判断力・表現力等の基礎」、③「学びに向かう力、人間性等」である。③「学びに向かう力、人間性等」は、「心情、意欲、態度」が育つ中で培われる「よりよい生活を営む」力とされ、いわゆる非認知能力(社会情動的スキルとも称される。例えば、他者と共同して課題を遂行しうる能力、自己に対するメタ認知能力、自己抑制能力など)を含むものである。そして、この三つの資質・能力は、幼児教育・保育修了後も、小学校以降の義務教育、後期中等教育を経て高等教育、社会教育までを貫く教育の共通目標として一貫するとされた。

　2017 年改定の保育指針においては、各保育所において、**全体的な計画**と、それを具体化した**指導計画**の作成が義務づけられている。注意するべきことは、全体的な計画は、年あるいは期単位の長期指導計画ではないということである(全体的な計画を、長期指導計画と混同しているケースは、現場の実践者だけでなく保育者養成校教員にも散見される)。全体的な計画と指導計画の相違は、それがカバーする期間の長短なのではない。全体的な計画は、指導計画の上位(メタレベル)に位置する理念を含み、かつ、保健計画、食育計画、地域連携計画など、指導計画以外の計画を包含しつつその方向性を示すことで、子どもの在園期間の

全体にわたる保育所における活動全てに共通する基本的なポリシーを示すものである。

　保育の計画の過程は、2000年代以降、**PDCAサイクル**という経営学上の概念を用いて表現されることが一般的になった。PDCAサイクルは一般的に、P(Plan、計画)、D(Do、実践)、C(Check、評価)、A(Act、改善)の4フェーズをサイクリック(円環的)に進展させていく作業モデルとされる。PDCAサイクルは、特に、日案や短時間の計画など、短期の保育計画に盛んに導入される(対照的に、年間指導計画などにはあまり導入されない)。PDCAサイクルとは、アメリカの統計学者であったシューハートやデミングが1950年代から提唱したとされる、生産ラインにおけるエラーを減少させる(例：「不良品」の混入するロットを減らす)ための方法論であるとされてきた(ただ、PDCAサイクルは、シューハートらの来日公演を初出とすると考えられており、モデルとしての発案は日本人であるという説もある)。PDCAサイクルは、その創案の経緯からも分かるように、エラーを減少させることを目的としているため、エラーか否かが明確に判別できない行為や事業には必ずしも馴染まない。つまり、PDCAサイクルは、「良くない保育」を減らすためには有効でありうるが、「よい保育」を増やすことには必ずしも有効であるわけではない。それにもかかわらず、それが保育現場に一定程度普及し支持を得たのは、その形式が分かりやすく適用範囲が広く思われること、計画と実践の反復に陥りがちであった保育実践に、評価(反省・省察と同一視されることが多い)のステージを明確に位置づけたことなどのためだろう。

　PDCAサイクルに基づく保育実践には、「計画(P)」を第一段階とすることにより、子どもを計画通り動かす操作の対象と見なしてしまうという危険性がある。その危険性を軽減するために、例えばR-PDCAサイクルというアレンジモデルが提案されている。計画に先立って、第一局面として子どもの現状把握(Research)を取り入れるモデルであり、保育の過程の起点を子どもの現状に置こうとする発想に立つ。これは、言うまでもなく、Pからスタートするサイクルにおいては、C、すなわち評価が、「計画が予定通り実践されたか」という視点からなされやすく、評価が計画の実現化(子どもを計画通り動かせたか)の度合いを評定するものとなり、子どもの自発的な振る舞いが、計画からの逸脱と見なされやすいという統制的な傾向が強くなることへの懸念から生じた発想である。計画の直前の段階として「子ども理解」を位置づけるサイクルのモデルであるR-PDCAサイクルでは、第一段階に子どもの発達の理解(実態の把握)を据え、それを踏まえて具体的なねらい、内容の設定という第二段階へと進む(ここでは、「子ども理解」が、未来における子どもの行動予測を含んでいる)。この第二段階が一般的に「計画」と呼ばれている作業となる(ここで「計画」されるのは、未来における保育者の行動である)。第三段階が、ねらい・内容の具現化としての環境の構成である。ここでいう環境は、第一義的には物的環境である。ここまでの段階には、子どもの登場は想定されておらず、保育者による行為となる(第三段階までの全てにおいて、子ど

も自身を参画させる計画は、一般的にプロジェクト型活動と呼ばれる。後述)。第四段階が活動の展開と保育者の援助である。子どもの活動の展開の方向性の予測と、その制御・促進が保育者の行為である。最終の第五段階が反省・評価・指導計画の改善である。活動が終了した後に、活動の意味を振り返ることである。保育者にとっての活動の意味と、個々の子どもにとっての活動の意味は当然同じではありえない。一般的に、この事後における省察的局面は、活動の意味に焦点化される解釈的な行為と考えられている。しかしながら、省察を実践者(保育者)自身による自己評価と位置づけるのであれば、「意味」を、その時点における子どもの内面の動き(心情・感情などの心理的過程)に局限するのではなく、子どもの中で育ったもの(知識・技能、能力、関心)など、獲得された成果(アウトカムの質)を、発達の道筋の中に位置づける省察も求められてくる。先述したように、日本の保育学言説においては、この「何が育ったか(何が育ちゆくか)」という観点からの省察論は深められてこなかった。既存の保育省察論は、「子どもは(その時)何を感じたか」という心理的過程への(再)解釈に留まるものが大半である。何を省察的評価の対象にするかという対象設定の曖昧さは、そもそも、計画をどのような営為だとするかという規定が曖昧なことから生じてくるからである。すなわち、「計画」とは具体的に何をすることなのか、という点まではこのサイクルモデルは提示しているわけではない。

　保育を「計画する」とは、そもそもいかなる行為なのであろうか。子どもの動きへの事前の予測と、その予測に基づいた子どもの行動の制御から成るとするのが古典的な計画の捉え方であろう。子どもの行動に対する事前の予測に焦点を当てると、計画は必然的に、演劇の台本(シナリオ)、あるいは音楽の楽譜(スコア)のようなものとなる。事前の予測を裏切った、あるいは予測を超えた子どもの動きや保育者の動きは、アドリブ(即興)として、逸脱的なものとして否定的に捉えられやすくなる。

　既に述べたように、保育指針においては、保育の計画は、①保育の全体的な計画(保育所全体の計画、子どもの在園期間全体をカバーした計画)と、②指導計画(長期、短期の具体的計画)の二層構造を成すとされている。①全体的な計画を構成する計画には、保健計画、安全計画など教育的計画以外の組織運営的計画、および指導計画の上位に位置づけられる保育理念・保育目標が含まれる。

　保育の計画作成上の留意点として、①子ども自身の状況に合わせて、柔軟に変更、発展できる可変性、②子どもの情緒の安定と心身の成長を支える一貫性(連続性)という、表面上は相矛盾するかに見える二つの条件を満たすことが必要である。可変性と連続性が矛盾して見えるのは短期計画において生じがちな現象であるが、方向性及び理念の一貫性と、子どもの行動・心情の変化に即応する即興的対応パターンの準備(保育者にとってのレディネス)は、少なくとも全体的な計画という構造の中では決して矛盾せず、有機的に統合されうるし、さ

れるべきである。

　かつては、保育に「計画」が必要なのか否かが真剣に議論された。例えば、保育者による「計画」が子どもの自由や主体性を阻害してしまうのではないかという懸念(平井信義によるノーカリキュラム論)や、保育実践においては、そもそも事前計画を作ること自体が不可能なのではないかという疑問(安部富士男による後追い計画論)が提出されたことがある。保育実践においては、初等・中等教育と比較して、子どもに獲得させることが期待される「内容」が何であるのかについての統一見解が形成されにくい。それゆえ、その場その場で子どもが「何をしたか・できたか」というような、目に見える外的活動の成否のみに保育者の意識が集まりがちである。外的活動のみに注目し、内的であるがゆえに不可視の育ちをおざなりにする「活動主義」的な実践がはびこってきたのである。そこでは、そのような外的活動の結果、子どもの中に何が育ったのかという視点が欠落している。保育計画がもたらしうる成果としての「内容」の不分明さは、保育「方法」に関する議論が手厚く積み重ねられてきた一方、保育「計画」論の乏しさを生みだしてきたといえる。

　保育の計画が、図表ないし記号、文章の形で可視化されることは、時間の経過を経ても計画が固定的に維持されること、他者に伝達可能な形で記述されることにより計画の共有化・共同討議の可能性が保たれることという二つの大きなメリットを持つ。「計画」を形(表象)に残しておくことで、「評価、反省」が可能になると考えられている。保育の計画と実践は、保育者の意図(願い、思い)の具現化のための設計であり、計画を介して、保育者の主体性と子どもの主体性がぶつかり合い切り結び合う、弁証法的な過程をたどることとなる。保育者の意図通りに子どもを操作することが保育者の主体性、指導性を表しているわけでは当然ない。保育者が主体性を自ら抑圧したとしても、それにより子どもの主体性が自然に開発されるわけではない。つまり、保育者の主導性・指導性と、子どもの主体性は単純なトレードオフの関係にあるわけではなく、二項対立をなしているわけでもないのである。

　子どもの主体性の尊重に対立する状態として、次の二つが挙げられることがある。「主体性」の第一の対立項とされるのが保育者による子どもの放任である。子どもの主体性を重視するという名目で放任状態に置かれた子どもは、断片的かつ刹那的な衝動に突き動かされ、持続的かつ発展的な活動を行えるようにならず、かえって主体性が育たないとされるためである。「主体性」の第二の対立項とされるのが保育者による過剰な統制、厳格な指導である。保育者の意図・配慮だけが重視されると、子どもはつねに保育者の顔色だけを見て行動する他律的な状態に置かれるとされるためである。このように、保育者による全くの不介入と、保育者による過剰な統制とは、共に批判の対象となっている。両者に共通するのは、保育者と子どもとの相互交渉、コミュニケーションが不全であるという点である。保育者の介入的行為の全停止も、保育者による一方的な押しつけ・詰め込み・強要も共に、保育者と子ども

との間のインタラクション(相互作用)、対話の過程を排除していると考えられているのである。いずれにせよ、「子ども」の主体性の対立項が、「保育者」による放任や介入過多であるという議論の前提は必ずしも自明とはいいがたいという点に注意しておかなければならない。その場合、子どもの主体性を侵害する存在として、保育者の悪しき振る舞いが列挙されることになるからである。

　保育の計画作成という行為は、保育者の望む内的・外的活動の進展と、子どもの発達の方向性を一致させることを目指すものである。ただ、保育者と子どもは別の主体であるため、保育者の望む内的・外的活動の進展と、子どもの発達の方向性は、時として矛盾する。そして重要なことは、子どもがその時点で望むものが、子どもの発達にとってつねに最善といえるわけではなく、逆にまた、保育者がその時点において意図することが子どもの発達にとって最善であるとも限らないということである。

　そもそも、既存の保育計画論において、計画の主体は常に保育者であり続けてきた。計画段階に子どもが参加することはそもそも想定されてこなかった。保育者と子どもとの協同による 創 発(エマージェント) カリキュラムを構想するのであれば、保育者の計画に沿って子どもが動いたかどうかというのは、もはやカリキュラムに対する評価基準ではありえなくなるであろう。保育者と子どもが協同して創り上げる「計画」があるとすれば、それに基づいた実践は、当然ながら流動的・力動的なものになるであろうし、実践・活動に対する評価は、その「記録」と区別することができなくなるであろう。

　子どもの発達の順序性を規範化してしまえば、保育者の主導性はその先回りでしかありえなくなる。しかし、その子どもの発達のストーリーは固有・個別のものである。保育者が「発達の先回り」をしようとしたとして、そこで「先回り」される「発達」は、当の子どもの個別的な発達ではありえない(その子どもは、まさにこれから発達しようとしているのだから、その発達の行く末を予め知ることは(不確定性を伴う「予測」はある程度可能であるにしても)、そもそも不可能である)。子どもを「先回り」しようとして保育者が念頭に置く「発達」というのは、主に発達心理学の知見を転用した抽象的かつ普遍的なモデルである。そのため、保育者が念頭に置く「発達」と、個々の子どもがたどりつつある発達との間には必然的に食い違いが生じる。このような食い違いが生じることは、保育実践においては本質的な事実であり、そのことをもって発達心理学の理論が不要であるとか不能であるという結論を導くのは短絡的であるし、発達心理学の理論が個々の子どもの掛け替えのない一回性を本質とする発達を匿名化することによって阻害しているという性急な断定を導くのも乱暴であるというほかはない。発達心理学の知見は、子どもの発達の行く末の適否を決める規範なのではなく、子どもの発達の行く末をよりよく予想するための資源として有効活用されるべきなのである。

10. 保育実施後の評価

　保育実践に内包される形で意識的・無意識的に行われる即興的な省察とは別に、実践の後に、意識的かつ意図的に実施される省察行為を「評価」と呼ぶ。保育評価は、評価の主体によって、三つに区分することができる。すなわち、①保育者による自己評価、②保護者による利用者評価、③専門家集団による第三者評価である。

　①保育者による自己評価は、当事者による自己省察的評価である。個人によって行う自己評価は、保育団体等が作成したチェックリストを利用することで、より簡便に行うことができる(例えば、民秋編集代表(2019)などを利用することができる)。ただ、自己評価というときの当事者の範囲には子どもは含まれない。「自己」の範疇に子どもを繰り入れた評価は**ラーニングストーリー(学びの物語)**に近接していくことになる。

　②保護者による利用者評価は、保護者視点から見た保育内容と保育成果に対する評価である。利用者評価は、質的評価になることが多い。保護者アンケートとして実施されたり、保護者会における意見聴取として行われることがあるからである。

　③第三者評価は、外部の専門機関・団体に評価を依頼し、有識者グループが保育所の取り組み全体を実地調査した結果に基づく有料の評価である。評価機関・団体ごと評価基準が統一されているため、同一期間に調査を受けた園では、保育内容を比較することができる。その一方で、評価が甘くなる危険も指摘されている(その評価機関が、あまりに厳しい評価を突きつけてくるという評判が立ってしまうと、それ以後、園がその機関に評価されるのを敬遠するようになってしまうため)。評価の結果は公表されることによって、保護者や地域住民など、潜在的な利用者・ステークホルダーに対する「説明責任 accountability」を果たすことが期待されている。評価基準と評価結果の説明責任を果たしうる状態を確保し、保育の過程を可視化しておくことによって、保育に対する社会的関心を広く確保することが期待されているのである。

　「評価」は、PDCA サイクルのような円環的プロセスにおいては、C の段階に相当すると考えられる。保育の過程が、PDCA サイクルのように、円環的・螺旋的な反復的シークエンスであるということは、1 サイクルのプロセスの終末が、次の 1 サイクルの開始を予示するということである。PDCA サイクルを範とする保育の過程では、1 サイクルのユニットの終末は、「評価」を踏まえた「改善」へ向けての方略の策定に置かれるため、次の 1 サイクルのユニットの端緒は「改善」を含みこんで行われることになる。保育の PDCA サイクルにおける「改善」とは、当然ながら、保育の過程の質(プロセスの質)の向上を意味する(保育理念の質、労働の質、構造の質については、PDCA サイクルを導入して評価を行っても改善されるわけではない。PDCA サイクルの対象は、あくまで保育実践(及びその構成要素

としての保育環境)に留まるからである)。

　ただ、PDCA サイクルにおける C は、D のフェーズが完了したのちに、完了した D に対して実施されるものである。しかしながら、保育の過程における C は、実践としての D が進行しながら、それと時間的にも、行為的にもオーバーラップしながらなされざるをえない。さらに言えば、D が A として実践されることもあれば、P と同時進行的に D を行うこともありうるし、D を行いつつ C を実施することも求められるのが保育実践である。つまり、保育の過程における PDCA のそれぞれのフェーズは、それぞれの「完了」を次のフェーズの「開始」と位置づけがたい。保育の過程においては、PDCA の各フェーズは重層的に折り重なるのであり、それらを「連続するサイクル」と捉えることは保育の過程の特性から乖離したものとならざるをえない。

　「評価」しても、それが即座に「改善」に結びつかない側面はそもそも「評価」の対象から除外されがちになる。保育評価では、もっぱら過程(プロセス)と物的環境に焦点が当てられるが、これは過程と物的環境であれば、それらへの評価の結果が、それ以後の「改善」に結びつきうるという予期があるからであろう。

　評価項目、あるいは評価の対象は、「質」の諸側面に対応する。すなわち、①保育士からの働きかけ、環境構成など援助というプロセス(過程)の質に対する評価としてプロセス評価、②遊具、玩具、保育室、保育施設の園内・園外環境、保育士の労働環境を含むストラクチャー(構造)の質に関する評価としてストラクチャー評価、③子どもの生活、活動の結果としての育ちに対する評価としてのアウトカム評価の三つは、相互関連し合いながらも、それぞれは異なった側面からの評価として別立てにしうる。

　保育構造の質、保育過程の質については、ハームスら(通称ECERS)やシラージら(通称SSTEW)が作成した評価スケール(ルーブリック状の評価項目のリスト)が広く知られており、これらの評価ツールを用いて検討することができる(これらのスケールは、邦訳が刊行されているため利用は容易である)。

　ここでは、ハームスらの幼児保育に関する評価スケールについて紹介しよう。評価スケールによる評価は、実際には、1 つの保育室、あるいはクラス当たり 3 時間ほどかけて、7 つの項目それぞれについて、環境の現在の状況がどうなっているかを観察することによって実施される。大項目はさらにいくつかの小項目に分かれており、小項目ごと、1 点から 7 点で評価する(評価基準は、とてもよい・7 点、よい・5 点、最低限・3 点、不適切・1 点、の 4 段階で示されている)。

　7 つの大項目は、①空間と家具、②個人的な日常のケア、③言葉と思考力、④活動、⑤相互関係、⑥保育の構造、⑦保護者と保育者である。

　さらに、大項目は、さらに小項目に分類され、それぞれに評価基準が示されている。例え

ば、①「空間と家具」の小項目は、(1)室内空間、(2)日常のケア、遊び、学びのための家具、(3)くつろぎと安らぎのための家具、(4)遊びのための室内構成、(5)ひとりまたはふたりのための空間、(6)子どもに関係する展示、(7)粗大運動(体を動かす)遊びのための空間、(8)粗大運動のための設備・備品の8項目に分れている。

　そのうち、(6)子どもに関係する展示の具体的な評価基準は次のようである。

〈不適切(1点)〉
・子どものための展示物がない
・展示物の内容が子どもの年齢にふさわしくない(例・おとなや学童むけのもの、暴力的な題材)

〈よい(5点)〉
・三分の一程度の展示の題材が現在の子どもの活動や子ども自身に密接に関わっている(例・最近［一ヶ月以内］の活動に関係する資料)
・展示の二分の一以上が子どもの作品である
・子どもの目の高さに多く展示してある

〈とてもよい(7点)〉
・子どもの個性があらわれた作品が多い［テーマや方法が子ども自身の創造性から生み出されたもの］
・平面的な作品だけでなく、立体的な作品がある(粘土、木工)

　これらの評価項目は、いずれも「目標」ではないことには注意しなければならない(とりわけ、数値目標ではない)。つまり、もし、「よい」評価項目を満たさなかったとしても、そのことで保育者がプレッシャーや負い目を感じる必要はないということである。各園の、そして各保育者の創意工夫を大事にしつつ、結果として、評価基準が満たせるようになることが重要である。各評価基準は、評価という現在における省察的観察のためのものであり、未来において達成されるべき目標なのではない。それゆえ、これらの評価基準は常に保育者に意識される必要はなく、半年ごとや1年おきなど、不定期にこれらの評価基準をチェックポイントとして活用し、評価を繰り返すことで、保育に対する見方の幅が広がることこそが目指されるべきなのである。

11. 保育形態の諸類型

　保育形態は、保育者の主導性の濃淡、子ども集団の年齢上の編成、物的環境の配置・構成などの観点から、いくつかのカテゴリーに分類されることがある(ただ、注意しておかなければならないのは、形態の分類はあくまで保育者の視点から行われるものだということである)。保育者の主導性の濃淡により、設定保育、自由遊び(自由保育)という二項対立が用いられることがしばしばある。前者が保育者の指導性、あるいはイニシアチヴ(主導性)が前面化されるのに対し、後者の自由遊び(自由保育)では、子どもの主体性、自律性に焦点が合わせられる。しかしながら、この二つが対立しているか否か、同一の対立軸上に乗っているか否かは、十分に再検討されなければならない。保育者のイニシアチヴによって、ある活動内容が子どもに対して提供されていたとしても、保育者による提案は、あくまで子どもにとっての活動の契機にすぎず、子ども自身が熱中・没頭的状態(フロー体験)に入ることができ、その活動が持続・発展していくとしたら、そのとき、〈保育者の主導性・指導性／子どもの主体性・自主性〉という二項対立を止揚した高次の活動展開がなされているということができるだろう。逆に、保育者による契機の提示がなされず、子どもが自発的にある遊びを選択したとしても、それが持続・発展せず、断片的かつ衝動的な振る舞いのままに留めおかれたとしたら、それを子どもにとっての「自由遊び」として称揚することは困難であろう。

　自由遊びと称する場合、自由遊びではない遊びが想定されているのか否かが検討されるべきである。ホイジンガの遊び論に立脚する現在の保育学言説では、自由性が遊びの本質的性格だと強調される。そうなのであれば、「自由遊び」というのは畳語ではないのか。というのも、ホイジンガによれば、自由でなければ、遊びではないからである。

　「自由遊び」の語源の一つは、明治期における「随意遊戯」にあると考えられる。1899(明治 32)年の幼稚園保育及設備規程(文部省令)においては、遊び＝遊戯(当時は遊嬉と表記)は、「共同遊戯」と「随意遊戯」に区分されていた。前者は保育者の主導の下、歌曲に合わせて集団で一斉運動を行う活動(その後「おゆうぎ」と通称)であり、それに対して「随意遊戯」は今日の自由遊びに該当する、子どもの自主的選択に任された活動であった。この区分からすれば、随意＝自由遊びか否かの弁別点は、保育者の主導の有無にあるということになる。

　「自由遊び」の第二の由来は、フレーベルやその思想を翻案した倉橋惣三が、遊びを生活そのものと同一視したことにある。生活を営むための活動には、個人の随意によって展開されうるものと、個人の随意からは自律した、生活上あるいは生存上回避し得ないものがある。後者には、摂食、排泄、睡眠、入浴、衣類の着脱など清潔を維持するための活動などが該当しよう。生活と遊びを同一視したとしても、摂食行動や排泄、睡眠などを「遊び」と呼称す

ることは強い違和感を生じさせかねない。というのも、これらの生活行動、生存維持行動は、「自由」に行いうるという遊びの根本的な性格を有していないからである。そのため、生活と遊びを同一視したフレーベル＝倉橋主義者は、生活を、子どもが自由（随意）に活動内容を選択・展開しうる狭義の生活活動と、生存欲求の充足・生命維持のために実行せざるを得ないという意味で不自由・不随意な生活活動という二つのサブカテゴリー（下位概念）に分割せざるをえなかった。このうち、前者が自由遊び（＝生活）と呼称されるに至ったのである。しばしば、「自由遊び」ということは、「不自由遊び」が対立項として想定されているのか、という皮肉とも付かない警句が発せられることがあるが、それはフレーベル、倉橋における特殊な生活理解（遊びと生活を同一とみなす）に対する見識を欠くことから生じたものである。保育内容、保育形態、保育方法としての「遊び」を規定する際には、このように「生活」の定義と、「生活」と「遊び」の差異の規定を自覚化することが求められてくる。

　以下では、いくつかの代表的な保育形態の類型を挙げる。

設定保育（一斉保育）　設定保育とは、保育者が、指導目標＝意図を持って、子どもの活動内容を計画＝設定する保育実践形態であるとされる（一斉保育の対立項は自由保育であるとされる）。「一斉」であるのは、複数の子ども（一般的には同一年齢の子ども）が、同一時間帯に、同一の外的活動を行うことが想定されていることを指している。多くの場合、1時間未満の短時間の活動として計画される。クラス全体の子どもに対して、同一の活動を行わせる場合は一斉活動、一斉保育という。同年齢の子ども集団に対して行われることが一般的なため、事実上、設定保育は「横割り保育（同年齢保育）」である。子どもの興味・関心を損ねる危険があるという経験主義から系統主義に対して寄せられたカリキュラム論上の批判は、設定保育に対してもほとんどそのまま浴びせられる。例えば、「設定」の主体は保育者であるため、保育者中心主義だという批判がなされる。ただ、ここで留意しなければならないのは、保育者が「設定」しているのは「活動」だということである。更にいえば、「活動」とは、子どもの外面に現れる身体的な運動、可視的な意味での外的活動である。「設定」された活動が「一斉」に展開されているように見えるのは、そこで想定されている活動が身体運動、外的活動だからである。逆にいえば、子どもの内的活動は全く視野に入っていない。内的活動とは、子どもの内面の揺動、心情、心もよう、心もちともいうべき、不可視かつ不定型な側面である。外的活動が「一斉」であったからといって、複数の子どもの内的活動が「一斉」、画一的になるはずはない。外的活動をどう受けとめるか、その結果、どういう心情を抱くかは、個々の子どもによって当然異なる。そして、この感じ方を、保育者が任意にコントロールすることは不可能である。その意味において、内的活動においては、子どもは常に自律的・主体的なのである。設定保育、一斉活動という保育形態論からは、子どもの内的活動における、事実としての個別性、主体性が捨象されていることを見落とすべきでない。

コーナー保育　一斉保育への対立項として、一斉保育以外に挙げられる保育形態にコーナー保育がある。コーナー保育とは、ある程度の広さを有する保育室を想定し、保育室内に、異なる遊びが展開されることを期待した「コーナー」と呼ばれる複数の拠点を設定する。「コーナー」には、一定のテーマを持った遊びに供されるための材料・素材が集中的に配置（集積）され、子どもはそれらを自由に手に取り、遊び活動を展開することができる。例えば、2～3歳児の場合、絵本コーナー、積み木コーナー、絵の具コーナーなどが想定できる。ただ、遊びの核となる基地的な場を、「コーナー＝隅っこ」と呼称することには批判がある。むしろ、遊びの中心地・震源地であるべきという認識から、「遊びセンター」という呼称が提案されている。「コーナー」というのは、遊びがコーナーに位置づけられるという遊びの内容に対して与えられた名称というより、保育室の壁面に接するように、周辺的に遊びの場が配置されるという、場所的な性格に基づいて与えられた名称ともいえる（実際には、「センター＝中心」として機能している）。ただ、注意しておかなければならないのは、コーナーを、文字通り保育室の周縁に配置していく場合、保育室の中央には「何もない空間」が広がることになる。この「何もない空間」は、保育者がそこに立って子どもの状態を一望の下に監視するには適しているかもしれないが、子どもにとっては、「何もない」がゆえに無意味な空間となりがちである。子どもにとっては、コーナー間をただ移動するだけの場、動くことができるだけの場となるのは当然である。「コーナー」における遊びに熱中することができない子どもが無目的に走り回り、奇声を発するなどの無秩序な発散的行動を取りやすくなるアフォーダンスを有することについて、保育者は意識的でなければならない。

プロジェクト型活動　教育方法論としてのプロジェクトの源流は、デューイの問題解決学習の思想に影響を受けたキルパトリックの**プロジェクト・メソッド**にある。キルパトリックは、「社会的環境の中で実行される専心的目的活動」をプロジェクトと呼び、プロジェクト・メソッドは、〈学習者自身による目的の設定→目的達成のための計画立案→計画の実行（試行錯誤）→結果の評価〉という一連の主体的活動のシークエンスから構成されるといわれる。保育方法論としてのプロジェクトは、キルパトリックの思想から「社会的環境」の重視を取り出して基礎に据えている。つまり、保育におけるプロジェクトとは、①子どもが集団的関係性の中で実践する社会的活動であり、②その活動は、集団の中で共有された目標（テーマ）を有しており、③そのテーマが子ども自身の日常生活の中から採用されたものであり、④そのテーマを追求する探究的ないし創造的な活動が、週単位あるいは月単位で継続される持続的なものである点などを特徴として有しているといえよう。

　プロジェクト型の保育は、およそ次の三つのステージを経て展開される。①子どもたちが互いの経験・知識を振り返りながら、現在における興味・関心を提示し合い、探求のトピック（テーマ）を決定する、②子どもたちは、保育者のサポートを得ながら、探求のトピックに

ついて調べる。調べる方法は、本を見る、実物を観察する、知っている大人に聞くなど多様なアプローチが採られる。調べる過程で、子どもたちは、自分たちが発見した知識を仲間と共有していく。③探求の成果を発表する。発表の形式は、ポスターなど作品の展示、劇の上演、遊び・ゲーム化など様々であるが、成果物を協同して製作するというプロセスが重視される。オランダの保育方法論であるピラミッド・メソッド(辻井正らによって日本に紹介され一定の普及を見ている)などは、プロジェクト型活動の一例である。

縦割り保育(異年齢保育)　異年齢の子どもを混合させて保育する保育形態である。対義語は年齢別保育(横割り保育)である。元来は、モンテッソーリ・メソッドにおいて萌芽的に見られた保育形態である。少子化、地域共同体の紐帯(地縁)の弱化を懸念する保育関係者から、家族(親、きょうだい)以外の異年齢の子どもとコミュニケーションする機会を持つことが、人間関係構築のスキルを涵養すると期待されている。異年齢保育の目的は、子どもたちに多様な人間関係の中におけるコミュニケーションのパターンを経験させる機会を提供することにあるとされる。

　異年齢保育のもつ年長児にとってのメリットとして、年少児に教える、リードするという関わりを経験する中で、年長児としての自己効力感や自己肯定感を育めることが挙げられる。年少児にとってのメリットとして、年長児に対するあこがれを抱く契機を得ることで、自分の育ちへの見通しを得ることができる。これは、ロールモデルを獲得できることともいえる。

　デメリットとしては、年長児には、年少児に対するケアの主体として振る舞わなければならないというプレッシャーがかかり、それゆえに保育者などに庇護を求めることがしにくくなることがある。年少児のデメリットとしては、「他者と関わることなく、一人の時間をゆっくり過ごす」ことがしにくくなることがある。

　延長保育時、土曜保育時には異年齢保育となることが多い。意図的に異年齢を設定しているのではなく、子どもの数が少ないので、やむなく異年齢になっているという状態である。

　異年齢保育においても、保育者の援助的介入は必要不可欠である。援助の際、特に低年齢児においては、他児との関わりを、子ども本人の望まないほどにまで強要することがないように留意しなければならない。低年齢児は、ピアジェのいう「自己中心性」を認知上の特徴としており、遊び活動も平行的なものが主に見られるなど、他者との意図的なコミュニケーションより、自我の内面の育ちが重視される存在であることをおさえておかなければならない。

12. 保育カリキュラムの中の保育記録

　記録の必要性は、保育の過程の質の向上と関連させて論じられる。つまり、記録の作成が、実践に対する省察・評価と同価のものとして扱われているのであり、それによって、爾後の保育の過程の質が向上されていくために記録はなされるべきだといわれるのである。もし、記録が保育過程の質の改善を目的としてなされるものであれば、記録は何より、読者として記録者＝実践者自身を想定して書かれるものでなければならない（そのことは、記録が記録者自身以外の他者に読まれうることを否定するものではない）。記録者＝保育者が、記録を書くことによって、自らの保育実践の質が向上し、そのことに喜びを感じたならば、自ずから、記録を書きたくなるようになり、実際に書き続けるであろう。このような、読み手を保育者自身とする再帰的な記録は、過去の保育実践が自らに対して持つ意味の再構築としてのナラティヴの生成であると同時に、そこに記録された子どもへの今後のコミットメントの方策を案出する計画としての意味も持つ。例えば、佐伯胖は、このような、向後の保育実践の対応の幅を広げるために活用可能な記録を「資源」とよび、この資源の獲得を計画の作成と同一視している。佐伯の言う意味での資源（記録＝計画のアマルガム）は、文章で書かれる必要はなく、図や絵、記号など、視覚的な表現であっても構わない（自分にとって「有用であるか否か」が重要なのだからである）。

　今後の保育記録論においては、保育者が記録を書きたくなる条件（あるいは書きたくなくなる条件）についての検討が必要となるだろう。保育者の自発的な意志による、自らの保育の質の改善のための資源としての記録は、本来、ルーティンとして、なかば暗黙の内に義務化・形骸化された記録の作成とは、別の目的を有するのである。

　保育記録は、その目的別に分類することができる。まず、保育現場において、保育者が実践に対する事後的な振り返りを、日常的に記載する保育実践記録がある。通常、毎日記録されるため、保育日誌と呼称される。このタイプの記録は、業務記録に類するものであり、網羅的な記録を目指すものではない。アクシデントなど特記事項のみを記載する簡略化した形式もありうるであろう。安全記録（避難訓練記録・事故発生記録・ヒヤリハット記録）をここに含める場合もある。

　クラス全体の記録、特記事項の記録を中心とする保育日誌に対して、個々の子ども、保護者とのコミュニケーションの履歴を継時的に記すケース記録がある（看護学におけるプロセスレコードや、福祉学におけるエコマップなどの手法が導入されてきている）。トラブルや困難を抱える子どもや保護者との交流記録であれば、時系列での発言・行動の網羅的な記録を残すことにより、意識や行動の変容を追跡することができる。現在のところ、文章記録の形式が一般的であるが、後述するドキュメンテーションの手法を活用する試みが進んでいる。

　第二に、保育運営上の記録として残される記録、外部に対する証憑としての意義を負う記録があげられる。例えば、日常的には出席簿、健康記録(健康診断記録・身体計測記録・給食記録)、長期的には、小学校就学時に送付される保育所児童保育要録、幼稚園幼児指導要録などがこのタイプに属する。

　第三に、家庭・地域連携を目的とした記録が挙げられる。読者として、保護者や地域住民を想定する記録である。例えば、低年齢児における連絡帳、高年齢児におけるクラス便り(おたより)も、記録の一種と見ることができる。ロー・テクを脱却できない保育現場においては、連絡帳は今日においても「手書き」されるのが主流であるが、手書きで毎日書く必要はない(子どもの園での生活のもようを逐次保護者に通知するアプリケーションの導入も進んでいる)。ドキュメンテーション形式(後述)の記録と一体化し、廃止することも一案である。連絡帳やクラス便りの意義が、保育所と保護者の間の情報共有にあるのだとしたら、ICT の積極的な活用を図ることで時間の節約を実現し、保護者と保育者とのオフラインでのコミュニケーションに時間的リソースを注ぐことができる。

　さらに、保育記録は、方式(方法)によって、次のように分類することもできる。

エピソード記述　現象学的心理学に基づく子ども解釈研究を主導した鯨岡峻(たかし)の創案になる記録の形式である。保育における外的な行動を客観的な事実として、主観を交えずに時系列に記録する記録(行動主義心理学の手法をモデルとする客観主義的記述)に対して、保育者の体験を、自らの感覚・心情を排除することなく記す主観的な記録であるとされる。保育者にとっての、保育事象のナラティヴ(説明)として構成される記録といえる。エピソード記述の主唱者である鯨岡は、保育者の心情と、保育者が関わりを持ち交流した子どもの心情を、保育者に感じ取られたままに書き記すことを求めている。それゆえ、エピソードの題材として選ばれるのは、保育者が出会った個々の子どもとの個人的な交流の履歴や、保育者が目の当たりにした子どもと他者(子ども同士、子どもと別の保育者など)との交流の履歴である。エピソードとして取り上げられる場面は、数分から十数分程度の、短時間のものが想定されている(そのため、日常的・継続的に保育に関与しているわけではない保育実習生や、参与観察を行なおうとする保育研究者によって選択されがちな記録方法である)。

　題材の選択に当たっては、保育者がその記録を書きたい、書かずにおれない、さらにそれを(同僚をはじめとした)他者に伝え理解してもらいたい、という強い主観的な動機づけを感じるか否かが重視される。つまり、保育者にとってのインパクトが強い子どもとの交流を、保育者自身の思い入れを込めて、いわば保育者の一人称記録として綴る記録がエピソード記述であるといえる。ただ鯨岡自身は、この記録は、他者(特に同僚としての別の保育者)と共同的に読まれることによって、多義的な解釈に開かれることを重視してもいる(そのため、鯨岡のいうエピソード記述は、「エピソード」そのものの他に、「背景」と「考察」という三

つの部分から成る。「背景」と「考察」は、読者である他者に伝わるよう、精緻かつ客観的な記述がなされなければならないとされる)。

　保育者自身が書きたい場面を任意に「エピソード」として抽出して書けばよいので(ただ、鯨岡のいうエピソード記述においては、「なぜ」書きたくなったかという理由を記述することが求められる)、時系列にルーティンとして書かされる記録よりは保育者の心理的な抵抗が弱いこともあり、近年は保育実習記録などにも導入が進んでいる。厳密にいえば、個人的な思い出(回顧)としてのエピソード記録と、鯨岡がいうような保育者自身の主観的ナラティヴとしてのエピソード記述は、その記録の動機や、記録後の扱い、およびエピソードを支える背景についての説明的記述の有無などにおいて相違があるため区別されるべきだが、現在の保育記録論においては、ほとんど同一のものとして扱われている。

ラーニングストーリー(学びの物語)　　「テ・ファリキ」といわれる独特の社会文化的アプローチに基づくカリキュラム案を提案した、ニュージーランドの幼児教育研究者であるカーらが開発した記録である。形式としては、個々の子どもが何のテーマを、どのように学んだかについての継時的なエピソードの記録である。その際、子どもの発達の多側面を複合的に把握しようとすること、家族や地域社会(コミュニティ)の中での発達を捉えようとすること、子どもの学びは周囲の人間やモノとの直接的な関わりあいの中で生起することに特に注意が向けられる。個々の子どもの学びの内的過程を、連続したシークエンス(ストーリー)として捉え、その学びが子どもにとって持つ意味の抽出と再構成を図る手法であるといえる。

　エピソード記述との相違点としては、子どもの内面的な意味の解釈と代弁を試みることから、記述が一人称によるものであることが挙げられよう。この記録における一人称とは、子どもにとっての一人称であることと、保育者にとっての一人称であることの双方を含む。子ども自身のつぶやきや、表情などを解釈することによって、子どもにとっての独白(モノローグ)のような形でストーリーを綴ることがあるが、そこで実際に綴っているのは保育者である。保育者が、子どもに「成り変わって」、あるいは「成り込んで」記述しているということになる。ここでは、子どもにとっての一人称的記述と、保育者にとっての一人称的記述が融合している。保育者と子どもとの対話的、ダイアローグ的実践の結果として、保育者に観取された意味を記述しているからである。この点から見れば、保育者の記録の人称が、一人称であるか、二人称であるかという区別をすることには積極的な意義はないであろう。三人称的な記述、従来客観的な記述と呼ばれている形式と、〈一人称＝二人称〉の融合的なダイアローグ的記述の二種類の文体を使い分けることができれば、十分である。

　ラーニングストーリーを記述する際の視点として、発案者のカーらは、5つの視点を提案している。すなわち、子どもが①興味を持っていること、②夢中になっていること、③チャレンジしていること、④自分を表現すること、⑤他者の役に立ち、貢献することに着目する。

子どもの内面の変容と、外界、特に他者へのコミットメントが重視されている。これらの視点を結節点として、織り上げられた子どもの学びのパターン(文様)が読み取りやすくなるとされる。ラーニングストーリーは、子どもの学びの連続性・継続性を読み取ろうという志向を持っているため、過去から現在に至るまでの子どもの学びのプロット(筋書き)が読み取れてきたとしたら、そのプロットの先が見出されてくるだろう。つまり、子どもがこれからどういう方向性に学びを進めていきたいかが読み取られてくるため、保育者の側から、子どもに提案したいこと、援助の方向性が具体的な行為としてイメージされてくる。つまり、今後の見通しとしての保育の計画が、ラーニングストーリーを綴る中で生成されてくるのである。

ドキュメンテーション　写真、ビデオ、レコーダーなど、様々な記録媒体を駆使し、保育者と子どもが共同して、子どものプロジェクト的な活動の経路を構成していく記録である。この形式においては、子どもの学びの進展と、保育者による援助、および記録・評価が一体化している。子どもの活動の成果物(作品)を、長期間にわたり、網羅的に収集するポートフォリオ型記録の一種である。例えば、子どものふとしたつぶやき(口頭詩)、絵、製作物、文字、遊び、歌や踊りなどの身体的表現ほかを、文章記録、写真・映像記録、音声記録など多様な形式で集積していき、そこに保育者がコメントや所見を記載していく。記録として収められた作品とそのコメントを、保育者と子ども、保育者と保護者、子どもと保護者が回顧的に見、それについて対話することにより、子どもの長期間の学び・育ちの連続性と発展性を意味的に捉え直していくことが可能になるといわれる。写真を中心とした視覚的な手法を中心とするため、デジタルカメラやタブレットなどの小型端末を使用すれば、子ども自身が記録の主体として参画することができる点は特筆すべきだろう。子ども自身のつぶやき(言葉)が、保育者によって書き取られ、写真や作品に添えられることを見ても、記録主体として子どもを明確に位置づけているのがドキュメンテーションである。そして同時に、ドキュメンテーションとしての記録は、子ども自身が見ることができるように提示される。子どもは、写真などの形で記録された自分たちの遊び・生活の様子をふり返り、それについて考えたことを、保育者や他児と話し合うことができる。このことは、ドキュメンテーションにおいては、子ども自身が記録を介した省察(リフレクション)の主体として位置づけられているということにほかならない。ドキュメンテーションを見て、語り合い、省察を行うことができるのは、保護者も同様である。ドキュメンテーションを媒介として、保育者と子ども、保育者同士、保育者と保護者の二次的なコミュニケーションが活発化することが期待されている。

　元来は、戦後、イタリア北部のレッジョ・エミリア市の幼稚園で実践されていたプロジェクト活動を包括的に記録しようとする試みであった(レッジョ・エミリアの保育では、子どもの「言葉」は、様々な表現媒体を通して発せられるという理念に立つため、それを記録するための媒体も多様なものが必要と考えられた)。開発当時は、レコーダー、写真機、ビデ

オカメラなど様々な記録装置を別々に装備する必要があったが、タブレット・スマートフォンなどの携帯端末が普及した近年においては、ICTの導入によるデジタル・ドキュメンテーションの作成が容易になったため、今後さらなる普及が予想される記録形式である。

保育マップ型記録　個々の子どもの時系列的変容、いわばタテの時間軸に焦点化するラーニングストーリーやエピソード記録と異なり、ある一定の広さを持った空間(保育室、園庭など)の中の、子どもの物理的配置と動きを図示することにより、子どもの興味関心の配置と、それら複数の活動の展開をある程度可視化し、そこでの子どもの経験を、子どもの内面における潜在的な側面にも留意しながら図示しようとするものである。河邉貴子の提唱による。この保育マップ型記録では、同時進行で展開する複数の遊びの相互関係を把握し、ある時間における遊びの生態学的コンステレーション(星座的配置)を概略的に捉えることに優れているとされる。クラス全体を、遊びのトポスとして俯瞰的に把握することができることがメリットとされ、逆に、子どもの遊びが断片的で利那的な移り変わりを見せる場合には適用できないというデメリットがある。ある程度持続的な遊びの記録として適しているといえる。

　ただ、マップ自体は二次元のため、記録しうる対象児の数には自ずから限りがある。多くとも数名程度であり、十人以上の子どもの正確な記録は事実上困難であろう。対象児童の選択にも、意を用いる必要がある。とはいえ、「子ども理解」が個別の子どもの内面に対する強い志向性(心理主義的傾向)を持っている保育学研究の現状を見るとき、子ども理解を、他者の活動との相互作用の中で読み取ろうとする関係論的志向において定義しようとしている試みとして、出色の記録形式といえよう。

　本講では、エピソード記述、ラーニングストーリー、ドキュメンテーション、保育マップ型記録の、4つの記録方法の特徴を見てきた。注意するべきことは、それぞれの記録方法が記録しようとする対象が異なっているということである。エピソード記述が記録するものは「子どもとの関わりの中で保育者が感じる感動」であり、ラーニングストーリーが記録するものは「子どもが協力し合い挑戦する姿」であり、ドキュメンテーションが記録するものは「子どもから見た学び」であり、保育マップ型記録が記録するものは「子どもたちが作り上げる環境との関係性」であった。いずれも、記録の対象は、保育の中で目指される「育ってほしい子どもの姿」なのである。保育記録方法の選択に当たって、保育者は、「子どものどのような姿を見たいか」、「どのような力を伸ばしたいか」という自身の保育の目標を自覚化し、自らの保育目標と親和性が高い保育記録方法を選びとるべきなのである。

13. カリキュラム上の「幼保小接続」

　幼保小連携、および幼保小接続の必要性が認識される契機となったワードに「小1プロブレム」がある。小1プロブレムとは、新保真紀子が 1998 年頃から提唱していた概念であるが、社会問題として広く認知されるに至ったのは 2007 年頃からである。それはマスコミによる報道が契機となった。小1プロブレムの現象としては、教師の話を聞かない、教室内で勝手に出歩く、騒ぐなどの、児童の行動面の「問題」であり、その結果として、教師による一斉授業が成立しないということが問題視された。既に存在していた学級の組織秩序が喪失される「学級崩壊」とは異なり、そもそもの最初から、組織的秩序が成立しえていないという状態をネガティヴにクローズアップした概念といえる。その原因は、児童の精神的な未成熟に求められ、家庭における「しつけ」の不十分さや、自分をコントロールする力が身についていないという子どもの自己統御の弱さ(我慢ができないこと)などが主因として挙げられた。つまり、小1プロブレムは、集団行動に耐えられない、弱く未熟な子どもの出現への懸念として現れたということである。ただ、そこで「対応」として主張されていたことは、外的行動の統制の必要性であった。つまり、「授業ができない」「クラスが成り立たない」というのは、小学校の教師側から子どもを見た場合のデメリットであったし、小学校の教育内容・形式に合わせて幼・保の保育内容を改変せよという(小学校側の論理に立脚した)要求を有していた。小学校には「ある」が、幼稚園・保育所には「ない」ものとして、教科、(一斉)授業、黒板、教科書、ノート、宿題、時間割、休み時間などが列挙され、これらが幼・保に「ない」ことが、幼・保の「欠落」だと見なされ(逆に、幼・保にあって小学校に「ない」ものは「昼寝」、すなわち午睡くらいだとされる)、この「欠落」が「プロブレム」の原因だとされたのである。ただ、小学校教育から幼児教育への一方的な要求であったという点で偏りはあったが、幼・保期と、小学校期の間には、従来の相互不干渉の前提があるなかでは問題化されなかった文化的懸隔(ギャップ)があり、それを「埋める」ないし「つなぐ」ことの必要性が認識される契機になった。

　従来の保育学言説では、保育、幼児教育、あるいは乳幼児期そのものの特性を、小学校に代表される「学校教育」と安易に二項対立させる形で明示する論法がとられてきた。例えば、小学校が一斉授業を軸とした教科カリキュラムをとるのに対し、幼・保は遊びを中心とした生活経験カリキュラムをとる、というようにである。逆に言えば、「小学校と違う」、「授業」・「おべんきょう」ではないということが、「保育のよさ」として、むしろ積極的に前面に出して語られる傾向があった。ところが、両者の間に懸隔が存在することが「問題」であると認識される以上、「小学校的でないもの」としてのみ保育を定義し、小学校との差異に対して積極的に価値付与するレトリックは説得力を失っていくことになる。相違点に目を向

けるのではなく、共通点、通底する部分を見いだしていくことに注目が集まりはじめたのが2000 年代中盤の「小 1 プロブレム」のインパクトであったといえよう。幼・保と小学校は、お互いに独自性を主張して不干渉を貫くことはもはや不適切であり、不可能でもあるという認識が幼・保、小学校の双方に共有され、両者を意図的・計画的に「接続」することが、カリキュラム上の課題として意識されるに至ったのである。

　幼・保／小の間には、構造(物的環境)の相違と、そこで求められる行動様式(ハビトゥス)の相違が見られる。現象面から見れば、幼稚園・保育所になくて小学校にあるものとして、前述のように時間割(休み時間)、指定された机・椅子、教科書、黒板、体育館、特別教室などがある。これらは、小学校においては、幼・保と比較して、時間や空間、活動がより厳格に分割され、それらが混じり合う度合が低いということを意味している。つまり、幼・保に比較して、小学校における方が、子どもたちは時間・空間・活動形態を明確に切り分けることを要求されるということになる。時空間を厳密に分割する小学校と、時空間の移行が緩やかな幼・保とでは、子どもに求められる生活様式、学びの形式が大きく異なるのである。

　幼保小のカリキュラム上の接続は、教育要領、保育指針等において共通して努力目標として明示されている。保育指針においては、第 2 章「保育の内容」の 4「保育の実施に関して留意すべき事項」において「小学校との連携」が項目として立てられている。そこでは、「保育所保育において育まれた資質・能力」を前提として踏まえて小学校教育が円滑に行われるよう、「小学校教師との意見交換や合同の研究の機会など」を設定すること、その際に「幼児期の終わりまでに育ってほしい姿」(10 の姿)を共有することなどを行い、保育所保育と小学校教育との円滑な接続を図ることが努力目標とされる。

　2019 年現在、小学校との子どもの交流を行っている幼稚園が 85%、幼保小の職員の合同の学びの機会を設けている幼稚園が 50%と過半を占める一方、小学校と協同して接続を意識したカリキュラム編成を実施している幼稚園は 16%に留まった。職員・子どもの人的交流に留まり、カリキュラム接続にまで踏み込んでいる園はまだ少数である。

　ただ、カリキュラム上の接続といったときに、幼・保のカリキュラムと、小学校のカリキュラムを、〈生活経験カリキュラム／教科カリキュラム〉と二項対立的に捉えて、前者から後者への(一方向的・不可逆的な)移行として捉えるべきではない。本書でも既述の通り、少なくとも 2017 年改訂の学習指導要領以降は、幼・保においても、小学校以降の義務教育、中等教育から高等教育に至るまで、学習方法の基本理念は**アクティブ・ラーニング(主体的・対話的・深い学び)**として統一化されているからである。カリキュラム上の接続において第一に検討されるべきは、幼・保／小の間にある身体文化(ハビトゥス)を支える制度的差異であり、それが生み出す教育理念(教育観、子ども観などの規範的理念)の相違である。

　カリキュラム上の接続の取り組みとして、幼・保修了時、5 歳児クラス終盤に展開される

アプローチ・カリキュラムと、小学校入学直後、4〜5 月に展開されるスタート・カリキュラムが知られる。アプローチ・カリキュラムとは、幼稚園、保育所等で、5 歳児の秋ごろより実施されるカリキュラムである。5 歳児の後期は、幼児の発達として、幼児相互の人間関係が深まり、学び合いが可能となる時期と捉え、「友達とともに探究する」「環境や他者への興味・関心が深まる」「自分に気付く」「小学校への期待が膨らむ」などの姿が見られるようになることが目標に据えられる。一般に、小学校入学後の学習活動を支える非認知能力、学びへの意欲、学びへの構えを育てることが重視される。

スタート・カリキュラムは、アプローチ・カリキュラムを小学校側から承けるものである。目標と理念を共有していなければ、当然ながら成功は覚束ない。スタート・カリキュラムは、「学びの自立」「生活上の自立」「精神的な自立」を通して、幼児期の学びのめばえから、児童期の自覚的な学びへの移行を目指す。学びのめばえとは、幼稚園や保育所において、子どもたちが楽しいことや好きなことに集中することを通して、様々なことを学んできた学びの履歴の成果である。その履歴を基礎として、子どもたちは小学校において、学ぶことについての自覚的な意識を持ち、集中する時間とそうでない時間(休憩の時間等)の区別が付き、自分の課題の解決に向けて、計画的に学んでいく姿勢を身につけることが期待されている。

スタート・カリキュラムにおいては、日常生活の中に組み込まれた合科的・総合的な活動を通して、様々な言葉や非言語によるコミュニケーションによって他者と関わり合う経験が重視される。4 月の最初の単元では，学校を探検する生活科の学習活動を中核として、国語科、音楽科、図画工作科などの内容を合科的に扱い、大きな単元を構成することが考えられる。こうした単元では、児童が自らの思いや願いの実現に向けた活動を、ゆったりとした時間の流れの中で進めていくことが可能となるとされる。大単元から徐々に各教科に分化していくスタート・カリキュラムの編成なども効果的といえる。

カリキュラム上の接続の他に、文書記録による接続、情報の共有が制度化されている。各園は、幼稚園幼児指導要録、保育所児童保育要録等を作成し、それを小学校に送付する義務を有する。保育所児童保育要録は、①入所に関する記録(保護者氏名・住所、入所・卒所の年月日、就学先、担当保育士名などが記載される)、②保育に関する記録の二つの大項目からなる。②保育に関する記録には、「子どもの育ちに関わる事項」、「養護に関わる事項」が記載される。指導要録、保育要録は小学校を卒業するまでの間、保管される。要録作成の目的は、幼保小間の情報連絡は勿論であるが、外部からの情報提供依頼があった場合には証書としても機能する。情報連絡は、子どもの「学びと育ちの継続性」を保障するために行われるものであり、子どもがゼロの状態で小学校に就学してくるわけではなく、学びの履歴を積み重ねてきた人間であるということを確証するためになされるのである。

14. 家庭・地域との連携強化の要請

　2006 年改正の教育基本法において、幼児教育、家庭教育の重視という理念が明文規定された。家庭教育については 10 条 1 項が「父母その他の保護者は、子の教育について第一義的責任を有する」、同 2 項が「国及び地方公共団体は、家庭教育を支援するために必要な施策を講ずる」とし、保護者による教育の責任と、国・地方公共団体の家庭教育への支援の責務が規定されている。一方、同法 11 条においては、「幼児期の教育は、生涯にわたる人格形成の基礎を培う重要なものであることにかんがみ、国及び地方公共団体は、幼児の健やかな成長に資する良好な環境の整備その他適当な方法によって、その振興に努めなければならない」と規定され、幼児教育・保育が「生涯にわたる人格形成の基礎を培う」ものとして重要な意義を有することが規定された。

　この法改正は、2000 年代に入って、「親準備性」「子育て準備性」を支援することの必要性が主張され始めたことを受けたものである。親準備性とは、「望ましい親行動の遂行に必要な、プレ親期(青年期)における、価値的・心理的態度や、行動的・知識的側面の準備状態」とされる、一種のレディネスである。親となるためのレディネスが、自然成長的に生み出されるわけではなく、専門職による支援によって形成されるという認識の背景には、「子どもを産んだら、すぐさま『親らしく』なれるわけではない」という(危機的)認識がある。同時に、親も、子育ての経験を通して親として成長していく、親としての力と意識は漸進的に獲得されていくのだというライフサイクル論、生涯発達心理学の知見からの影響もあるであろう。しかしながら、同時に、親になること、親らしくあり続けることが規範化され、家族観の狭隘化を促進しかねない逆機能を果たす恐れがあることを見落としてはならない。家庭教育の重要性を、教育基本法という理念法の中で称揚することは、子育ての「失敗」は許されず、子どもの成長の「問題」の責任は全面的に家族が負うことになるという重圧を産みだしかねないからである。家庭教育といった時の家庭像が、近代家族の規範化を生じさせるのであれば、家庭、子育ての形態の多様性への寛容を阻害するバックラッシュを誘発しかねない。

　「親準備性」の文脈においては、保育施設はそれを援助する機関として位置づけられることになる。保育士による親への関与は、「保護者に対する保育指導」として、2003 年改正の児童福祉法において法定化された。保育指針においては、これを「子育て支援」と呼称している。これによって、保育士の職務対象は、保育の対象としての子どもと、子育て支援の対象としての保護者に二元化されることになった。このことは、「子どもに対する保育の専門職」としての保育者の職業的ステータスを揺るがせるインパクトを持った。単に、子どもの発達過程を理解し、それに適合する環境を構成し、子どもの活動(生活や遊び)を援助する専門性だけでなく、成人である保育者の抱える社会的・経済的・心理的諸問題を理解し、子育

てにおいて生じる様々な「悩み」「不安」を受け止め、それを軽減するために言語的・非言語的の両側面から働きかけることが求められている。ただ、保育士自身の育児経験に基づいて「助言」「励まし」を行うことは、専門職による対人援助実践としての「子育て支援」とは言いがたい。プライベートな経験に基づいた実感の共有は、保護者相互の交流としてなされることと同一であり、保育士による「子育て支援」の実践は、それとは区別された知識・技能に基づいてなされるものであるべきだからである。しかしながら、そのための知識・技能の枠組みを作り上げることには、現在の子育て支援研究は成功していない。

　さらに、在園児の親の支援だけでなく、「地域」の子育て家庭に対する支援を行うこと、すなわち、保育指針における「地域に開かれた子育て支援」が要請されている。これは保育所をローカルかつユニバーサルな社会資源とみる一種の保育所活用論に基づく施策である。保育所のみならず、幼稚園も、学校教育法の改正により保護者の子育て支援センターとして位置づけられ、幼児期の教育に関する情報提供、相談窓口の開設、親子登園、園庭の開放が実施されている。保育所・幼稚園におけるこれらの取組みは、育児ストレスを増大させる密室的なカプセル化された子育てにならないよう、親自身のコミュニケーション回路を多元化させようとする試みである。

　子育て支援の担い手として、保育所がその中核となるべきという政策の方向性は、2008年改正の児童福祉法による、地域子育て支援拠点事業の法定事業化という形で明確になった。地域子育て支援拠点においては、保育所に在籍する子どもの保護者だけでなく、保育所に在籍しない子どもの保護者にまで支援対象が拡大されている。保育所に在籍しているわけではない子育て家庭が居住する近隣のエリアが「地域」と呼ばれる。「地域」がどこまでか、誰を含むのかという境界づけの仕方は一義的ではない。地域における様々な施設、組織が、社会資源として、子育て支援に活用されることが期待されているが、「地域」の範囲そのものがグラデーション状に認識されている以上、子育て支援を実施するに当たっては、保育所ごとに、子育て支援の実践ごとに、「地域」の範囲とその定義づけを、職員と関連する地域住民が協同して繰り返して実施していく必要がある。「地域における住民相互の絆の希薄化」や、「地域における子育て力の低下」という通俗的な先入観によって、自らの「地域の実情」を粗雑に捉えて満足するべきではない。保育所が所在する「地域」の歴史的沿革、産業的基盤、住民の政治的・経済的・社会的位置などの諸条件を、個別に考慮する必要がある。都市部、郊外地域、工業地域、農業地域(山間部、沿海部)、離島など、それぞれの「地域」のプロフィールは大きく異なる。「昔はあった」と巷間語られるような「想像の共同体」としての地域を「再興」させようとするより、保育所を核として、「子育て支援」を目的とした新規のコミュニティを立ち上げると考えた方が、「地域における子育て支援」の実態に即した社会関係資本(ソーシャルキャピタル)蓄積の方途のイメージは幅広いものになるであろう。

15. 「保育ニーズ」と対象児の拡大

　親の就労形態の多様化に応ずる形で、保育形態(時間帯、対象児)も拡大の一途を辿ってきた。このことは、「保育ニーズの拡大」とそれへの対応として捉えられている。例えば、乳児保育、病児・病後児保育、障害児保育、多文化保育などの分野において、保育対象となる子どもの範囲の拡大と共に、実践事例が蓄積されてきている。

乳児保育　産休明け(生後 57 日目)以降の乳児は、保育所における保育が可能である。近年の利用率の伸びが著しく、2018 年 10 月現在、5 万 7970 人が保育所において 0 歳児保育を受けている(保育所利用児約 203 万人の 3%を 0 歳児が占める)。

病児・病後児保育　病児・病後児に対する個別的な保健的ケアを提供するもので、保育士のほか、看護師によって担われる。医療機関に施設が併設される医療機関型、保育所内の専用スペースで行われるタイプがある。

障害児保育　近年注目されているのは発達障害児に対する保育である。発達障害者支援法(2004 年)により、発達障害は①自閉症スペクトラム、②注意欠陥多動性障害、③限局性学習障害の三つの分類から捉えられるようになった。発達の遅れ、偏り、歪みが見られ、活動、特に対人関係に困難を抱えることが多いことから、手厚い個別的なケアが必要となる。発達障害のみならず、障害は、機能障害、能力障害、社会的不利の三つのレベルでとらえるべきだという考え方は既に保育実践においても取り入れられてきており(国際障害分類、1980年)、本人の持つ障害が、周囲の環境と著しい摩擦を引き起こさないような合理的配慮を行うことが、保育所においても要請されている。

多文化保育　多文化保育は、一般的には自らとは異なる宗教、民族、国籍をバックグラウンドとして有する子ども同士が、互いに承認し包含し合う多様性空間を形成することを目指すものである。保育指針には、第2章の4「保育の実施に関して留意すべき事項」として、「子どもの国籍や文化の違いを認め、互いに尊重する心を育てる」ことが記載されている。多文化保育の理念的基礎は多文化主義である。多文化主義は文化の多様性・多元性を認める立場であり、多文化共生を目指す理念に基づく。ここにおいて、安易な文化的包摂(同化)は注意深く拒否される。ここでいう「文化」は、外国文化というように狭く捉えるべきではない。文化には、相対的に可視性の高いものと低いものがある。「表面に見えやすい」文化としては、食べ物、服、音楽、言語、祭りなどがある(従来の異文化理解教育は、「ツーリスト・アプローチ」として批判される。そこで取り上げられたのは、あたかも旅行客が一時的・利那的に触れたがるような文化の最表層面、料理(フード food)、衣装(ファッション fashion)、祭典(フェスティバル festival)の 3F であった)。その更に深部には、生活習慣や、ボディランゲージ、美意識、マナー(規範)などの身体化されハビトゥス化されるものの意識的なレベ

ルの慣習があり、さらに最深部には、時間についての感覚、人間関係の作り方、感情表現（水面下、深層的）など無意識的な心情・心性的な文化が伏在する。多文化保育といったときの文化は、これら深層の文化をも含んだ複合的なものと考えるべきである。

　既存の対象児・保育サービスの提供時間の拡大の例としては、次のようなものがある。

延長保育　標準保育時間の前後、更に 1〜2 時間実施される保育である。保護者の心理的ハードル、子どもの心身への負荷が高い。そのため、子どもの心理的不安や身体的疲労に配慮した個別の綿密なケア、静穏な環境の保持が必要となる。

預かり保育　幼稚園において一日 4 時間の標準教育時間の終了後に行う教育活動である(保育所等における**一時預かり事業**は、突発的な事情により家庭保育ができなくなった通常の在籍児以外の子どもに、一時的な保育を行うものである)。保護者と家庭の共同の子育てという意識の高まりに配慮する形で導入されたもので、2019 年度の実施率は全国で約 87.8％であり、幼稚園における教育時間の延長傾向は継続している。私立幼稚園の実施率は96.9％とほとんどの園が行っているが、公立幼稚園では70.5％程度に留まっている。預かり保育利用の理由は「保護者の就労」が 80％を占めており、「幼稚園の保育所化」の様相を呈している。なお、2018 年度には、幼稚園のまま、預かり保育として 2 歳児保育の実施が可能になった。

　上記のほか、18 時以降に実施される夜間保育、保護者の入院、冠婚葬祭への参加など予期できない緊急の事態において、子どもの保育を実施する緊急保育、保護者の心身の負担を軽減することを目的として実施されるリフレッシュ預かり保育などがある。リフレッシュ預かり保育の実施については、保育を希望する理由のいかんは問われない。

　これらの多様な実施状況を惹起している原因を「保育ニーズ」の多様化と表現する場合があるが、ここでいわれている「ニーズ」の主体はあくまで親・保護者であり、子どもではないということに注意しなければならない。「保育ニーズの多様化」とは、すなわち「保護者による保育ニーズの多様化」にほかならないのである。保護者によるリクエストの陰に隠れた子ども自身の「ニーズ」がいずれにあるのか、保護者のニーズと子どものニーズとの間にあるコンフリクトについては、本講で見てきた「保育の多様化」とは別個に検討されなければならない。産業構造やマクロ経済の状況によって変動する雇用形態・就労形態の変化によって、子ども自身の「ニーズ」が即座に変転していくとは限らないからである。親の労働権・生存権を具現化するための保育と、子どもの教育への権利・発達権を具現化するための保育は、ほんらい予定調和するものではありえない。

　付け加えるならば、平成以降、社会問題化さらには政治問題化してきた「待機児童」解消のニーズの主体は、「児童」、子どもではない。子どもが「待機」させられているのでもなければ、「待機」しているのでもなく、「待機」させられているのは「保護者」なのである。「待機児童」にまつわるニーズは、「子どもを保育してほしい」という「保護者」のニーズ

なのであり、「自分は保育をしてほしい」という子どものニーズではないのである。「保育ニーズ」が全て直接的に「子ども自身のニーズ」であるわけではないのは、これを考えても明瞭である。

　保育において、特にその制度や文化的側面において「不易と流行」が論じられるとき、安易に「流行」が貶められ、「不易」こそが称えられる傾向があるのだが、古いもの・変わらぬものの中に〈善〉が存在しているはずだという安直な発想は本質主義的な危険をはらんでいる。倉橋にちなんで「新」と「真」などと言われることもあるが、同断である。「真」が「新」の対立項なのであるから、「真＝旧」と言いたいのであろう。保育内容に関しても、「古いもの」「伝統的なもの」がよい、という短絡的な発想は捨て去らなければならない（「新」の中にも「真」を読み取ることができなければならない）。「古い」と思われているものが案外古くはなかったり、「伝統」だと信じられているものが「創られた伝統」であったりすることを、文化人類学はじめ 20 世紀の社会諸科学は明らかにしてきた。つまり、古いか新しいか、という対立軸は、常にその時代情況において、相互作用の結果として構築されるものなのである。古い（と感じられる）かどうかではなく、それが子どもの育ちにとってポジティヴな意味を有するかどうかが判断基準になるのでなければならない。

　子どもは新しく、保育者は古い。保育者は古いから、保育者自身を自己肯定するために、保育者自身が有する文化を「不易」「真」と思い込みたくなる誘惑は常に強固である。自分がその中で生活し、発達してきた文化を絶対化し、その文化に適応させることが保育なのだ、という適応主義的な保育観はそこから生じる。ただ、当然のことだが、過去に自分がそう育ってきたからといって、未来世代の子どもも自分と同じように育たなければならない、育つのがよい、という自然主義的誤謬を犯すことは、保育者の専門性の否定に繋がる。「自らもかつては子どもであった」という否定しようのない個人的な回顧に由来する、発達に関するあらゆる固定観念を溶解させ、そこから子どもを原点に置く価値観と遠近法を、自分なりに構成しつづけていくことこそが、保育者の職業倫理の核心をなすのではないだろうか。

保育カリキュラム論基本文献一覧(邦語)

青木久子・河邉貴子 (2015)『遊びのフォークロア』(幼児教育知の探究 8)、萌文書林

秋田喜代美 (2000)『知をそだてる保育:遊びでそだつ子どものかしこさ』ひかりのくに

石垣恵美子・玉置哲淳編著 (2001)『幼児教育方法論入門』(第 2 版)、建帛社

石垣恵美子・玉置哲淳・島田ミチコ・植田明編著 (2002)『幼児教育課程論入門』(新版)、建帛社

磯部錦司・福田泰雅 (2015)『保育のなかのアート:プロジェクト・アプローチの実践から』小学館

磯部裕子 (2003)『教育課程の理論:保育におけるカリキュラム・デザイン』萌文書林

磯部裕子・山内紀幸 (2007)『ナラティヴとしての保育学』(幼児教育知の探究 1)、萌文書林

今福理博 (2019)『赤ちゃんの心はどのように育つのか:社会性とことばの発達を科学する』ミネルヴァ書房

ヴィゴツキー (2001)『思考と言語』(新訳版)、柴田義松訳、新読書社

エリコニン (1989)『遊びの心理学』天野幸子・伊集院利隆訳、新読書社

OECD 編著 (2022)『OECD スターティングストロング白書:乳幼児期の教育とケア(ECEC)政策形成の原点』一見真理子・星三和子訳、明石書店

大場幸夫 (2007)『こどもの傍らに在ることの意味:保育臨床論考』萌文書林

大場牧夫 (1994)『原点に子どもを:大場牧夫の保育論』建帛社

大宮勇雄 (2006)『保育の質を高める:21 世紀の保育観・保育条件・専門性』ひとなる書房

大宮勇雄 (2010)『学びの物語の保育実践』ひとなる書房

岡本依子・菅野幸恵・塚田-城みちる (2004)『エピソードで学ぶ乳幼児の発達心理学』新曜社

小川博久 (2000)『保育援助論』生活ジャーナル

小川博久 (2010)『遊び保育論』萌文書林

小田豊 (2001)『新しい時代を拓く幼児教育学入門:幼児期にふさわしい教育の実現を求めて』東洋館出版社

カー・リー (2020)『学び手はいかにアイデンティティを構築していくか:保幼小におけるアセスメント実践「学びの物語」』大宮勇雄・塩崎美穂訳者代表、ひとなる書房

柏木恵子 (1995)『親の発達心理学:今、よい親とはなにか』岩波書店

カッツ・チャード (2004)『子どもの心といきいきとかかわりあう:プロジェクト・アプローチ』奥野正義訳、光生館

加藤繁美 (1997)『子どもの自分づくりと保育の構造:続保育実践の教育学』ひとなる書房

加藤繁美 (2007)『対話的保育カリキュラム(上):理論と構造』ひとなる書房

加藤繁美 (2008)『対話的保育カリキュラム(下):実践の展開』ひとなる書房

金田利子・諏訪きぬ・土方弘子編著（2000）『「保育の質」の探究：「保育者-子ども関係」を基軸として』ミネルヴァ書房

カミイ・デブリーズ（1980）『ピアジェ理論と幼児教育』稲垣加世子訳、チャイルド本社

神谷英司（2003）『幼児の世界と年間保育計画：「ごっこ遊びと保育実践」のヴィゴツキー的分析』三学出版

河崎道夫（1994）『あそびのひみつ：指導と理論の新展開』ひとなる書房

川田学（2019）『保育的発達論のはじまり：個人を尊重しつつ、「つながり」を育むいとなみへ』ひとなる書房

河邉貴子（2005）『遊びを中心とした保育：保育記録から読み解く「援助」と「展開」』萌文書林

神田英雄（2008）『育ちのきほん：はじめての子育て』ひとなる書房

岸井勇雄（1999）『幼児教育課程総論』（第 2 版）、同文書院

厚生労働省編（2018）『保育所保育指針解説』フレーベル館

コスチューク（1982）「子どもの発達と教育との相互関係について」『発達と教育』村山士郎・鈴木佐喜子・藤本卓訳、明治図書出版

近藤幹生・幸田雅治・小林美希編著（2021）『保育の質を考える：安心して子どもを預けられる保育所の実現に向けて』明石書店

佐伯胖（2001）『幼児教育へのいざない：円熟した保育者になるために』東京大学出版会

佐伯胖編（2007）『共感：育ち合う保育のなかで』ミネルヴァ書房

坂元彦太郎（1964）『幼児教育の構造』フレーベル館

汐見稔幸（1995）『その子らしさを生かす・育てる保育：新しい時代の保育をめざす保育者のための教育学』あいゆうぴい

宍戸健夫（2003）『実践の質を高める保育計画：保育カリキュラムの考え方』かもがわ出版

宍戸健夫（2017）『日本における保育カリキュラム：歴史と課題』新読書社

シュライヒャー（2020）『デジタル時代に向けた幼児教育・保育：人生初期の学びと育ちを支援する』一見真理子・星三和子訳、明石書店

シラージ・キングストン・メルウィッシュ（2016）『「保育のプロセスの質」評価スケール：乳幼児期の「ともに考え、深めつづけること」と「情緒的な安定・安心」を捉えるために』秋田喜代美・淀川裕美訳、明石書店

諏訪義英（2007）『日本の幼児教育思想と倉橋惣三』（新装新版）、新読書社

関川芳孝（2008）『保育士と考える実践保育リスクマネジメント講座』全国保育士養成協議会

全国保育団体連絡会・保育研究所編（2020）『保育白書』（2020 年版）、ひとなる書房

仙田満（1992）『子どもとあそび：環境建築家の眼』岩波書店

高杉自子（2006）『子どもとともにある保育の原点』ミネルヴァ書房

高山静子（2014）『環境構成の理論と実践：保育の専門性に基づいて』エイデル研究所

高山静子（2017）『学びを支える保育環境づくり：幼稚園・保育園・認定こども園の環境構成』小学館

高山静子（2018）『子育て支援の環境づくり』エイデル研究所

高山静子（2022）『保育内容 5 領域の展開：保育の専門性に基づいて』郁洋社

玉置哲淳（1998）『人権保育のカリキュラム研究』明治図書出版

玉置哲淳（2008）『指導計画の考え方とその編成方法』北大路書房

民秋言編集代表（2019）『保育者のための自己評価チェックリスト：保育者の専門性の向上と園内研修の充実のために』（改訂版）、萌文書林

チャード（2006）『幼児教育と小学校教育の連携と接続：協同的な学びを生かしたプロジェクト・アプローチ：実践ガイド』奥野正義・門田理世訳、光生館

勅使千鶴（1999）『子どもの発達とあそびの指導』ひとなる書房

東京大学大学院教育学研究科附属発達保育実践政策学センター編著（2019）『保育学用語辞典』中央法規

戸田雅美（2004）『保育をデザインする：保育における「計画」を考える』フレーベル館

内閣府・文部科学省・厚生労働省（2018）『幼保連携型認定こども園教育・保育要領解説：平成30年3月』フレーベル館

永井聖二・神長美津子編（2011）『幼児教育の世界』（子ども社会シリーズ2）、学文社

中島紀子・横松友義編著（2007）『保育指導法の研究』ミネルヴァ書房

西村真美（2019）『育児担当制による乳児保育：子どもの育ちを支える保育実践』中央法規

日本保育学会（2016）『保育のいとなみ: 子ども理解と内容・方法』（保育学講座3）、東京大学出版会

乳幼児保育研究会編著（2009）『発達がわかれば子どもが見える：0 歳から就学までの目からウロコの保育実践』ぎょうせい

バーク・ウィンスラー（2001）『ヴィゴツキーの新・幼児教育法：幼児の足場づくり』田島信元・田島啓子・玉置哲淳編訳、北大路書房

浜田寿美男（1993）『発達心理学再考のための序説：人間発達の全体像をどうとらえるか』ミネルヴァ書房

ハームス・クリフォード・クレア（2008）『保育環境評価スケール①：幼児版』（改訳版）、埋橋玲子訳、法律文化社

ハームス・クリフォード・クレア（2009）『保育環境評価スケール②：乳児版』（改訳版）、埋橋玲子訳、法律文化社

平山許江（2001）『保育における知的教育』世界文化社

フィニ・クリステンセン・モラヴィック（1992）『乳幼児教育への招待：新しい保育者の役割・新しい保育の実践』宮原英種・宮原和子訳、ミネルヴァ書房

フォン＝カルク（2003）『ピラミッド教育法：未来の保育園・幼稚園』辻井正訳、ピラミッド教育法研究所

待井和江・福岡貞子編（2015）『乳児保育』（第 9 版）、ミネルヴァ書房

丸亀ひまわり保育園・松井剛太（2018）『子どもの育ちを保護者とともに喜び合う：ラーニングストーリーはじめの一歩』ひとなる書房

無藤隆（2001）『知的好奇心を育てる保育：学びの三つのモード論』フレーベル館

無藤隆（2009）『幼児教育の原則：保育内容を徹底的に考える』ミネルヴァ書房

無藤隆（2013）『幼児教育のデザイン：保育の生態学』東京大学出版会

無藤隆編（2018）『幼児期の終わりまでに育ってほしい 10 の姿』東洋館出版社

森上史朗（1984）『児童中心主義の保育』教育出版

師岡章（2015）『保育カリキュラム総論：実践に連動した計画・評価のあり方、進め方』同文書院

文部科学省編（2018）『幼稚園教育要領解説：平成 30 年 3 月』フレーベル館

文部科学省国立教育政策研究所教育課程研究センター編著（2018）『発達や学びをつなぐスタートカリキュラム：スタートカリキュラム導入・実践の手引き』学事出版

谷田貝公昭編集代表（2019）『保育用語辞典』（改訂新版）、一藝社

矢野智司（2006）『意味が躍動する生とは何か：遊ぶ子どもの人間学』世織書房

矢野智司（2014）『幼児理解の現象学：メディアが開く子どもの生命世界』萌文書林

山本睦（2021）『保育・教育の評価とマネジメント』ナカニシヤ出版

山本理恵編著（2016）『子どもとつくる 5 歳児保育：本気と本気がつながって』ひとなる書房

湯汲英史（2015）『0 歳〜6 歳子どもの社会性の発達と保育の本』学研プラス

吉田直哉（2021）『「伝えあい保育」の人間学：戦後日本における集団主義保育理論の形成と展開』ふくろう出版

吉田直哉（2022）『平成期日本の「子ども中心主義」保育学：1989 年幼稚園教育要領という座標系』ふくろう出版

吉永早苗（2016）『子どもの音感受の世界：心の耳を育む音感受教育による保育内容「表現」の探究』萌文書林

レオンチェフ（1967）『子どもの精神発達』松野豊・西牟田久雄訳、明治図書出版

渡邉保博（1998）『生活を大切にする保育の胎動』新読書社

ワーチ（2004）『心の声：媒介された行為への社会文化的アプローチ』田島信元・佐藤公治・茂呂雄二訳、福村書店

おわりに

　冒頭に記したように、本書の原型は、筆者の本務校である大阪府立大学地域保健学域教育福祉学類における保育士養成課程科目「保育内容総合演習」における講義ノート、およびそこにおける受講生諸君との議論であった。筆者は、「保育内容総論」に相当する科目を、前任校である神戸松蔭女子学院大学在職中の 2017 年から担当し、本年で 6 年目を迎えた。前任校では、2 年次の開講科目であったが、筆者の不勉強ゆえ、消化しきれた内容を提供できたとは言いがたい。現在、第一線の保育者として活躍している当時の受講生には心からお詫び申し上げると共に、本書の上梓によって、その「失敗」が雪がれたということを伝えたい。

　筆者は、2013 年に共著として『子どもの育ちを支える保育内容総論』（浅見均・田中正浩編著、大学図書出版）を上梓している。筆者担当の第 1 章「保育内容の基本構造」の中で、5 領域に即して保育カリキュラムを支える思想的背景を概説し、保育内容を支える理論的スキームを摘示しえたと考えていた。しかしながら、その後 7 年が経過した段階で、筆者自身の学びが深まる中で、同書の不備、特に理論的スキームの統合性の欠陥が自覚され、強烈な不満を感じるに至った。自らの理論的認識を大幅に改訂する必要に迫られたのである。本書によって、筆者の「保育内容総論」としての基本的認識の面目を一新し、現在における到達点を示しえたと自負している。改訂にあたっては、理論上の議論を喚起しやすいトピックについての解説を加筆したほか、巻末の文献一覧を増補している。

　本書を貫く主題は、一貫して「児童中心主義」である。「子どもから見る」カリキュラム理論を構築する、そのための礎石を据えることが本書の執筆目的であった。カリキュラムとは、子ども自身の体験の質そのものである。言うまでもなく、このテーゼは、2020 年秋に物故された恩師、玉置哲淳先生から継承したものである。集団主義保育研究の第一人者、系統主義保育論の革新者として知られた玉置先生が、その実、究極の児童中心主義者であったということを痛感したのは、忸怩たることに先生の没後であった。先生の三回忌を過ぎて、先生のカリキュラム研究史を通覧し、その終生にわたるライトモチーフを明らかにしようとする拙稿も、いくつか公刊された（そのうちの一つを、先生のライフワークであった同和問題研究の中心である部落解放・人権研究所の機関誌『部落解放研究』に掲載していただけたことは、筆者にとって望外の歓びであった。吉田直哉「玉置哲淳による人権保育カリキュラムの前提としての自己形成論」『部落解放研究』217、2022 年）。本書の校正作業の間、先生の研究史をたどるため、その著作を読み返すたびごとに、先生の遺されたカリキュラム学の射程の大なることに改めて慨嘆を禁じえなかった。

　本書の刊行には、その成立の経緯からも、大阪府立大学、およびそれを前身とする大阪公立大学の保育コースの学生諸君の存在が欠かせないものであった。本書の執筆、および今回

の改訂に当たっても、彼女らは常に潜在的な読者として、筆者の脳裡につねに在り続けたからである。さらに、今回の改訂作業を実施するに当たっては、大阪府の実施する「保育士等キャリアアップ研修」の「幼児教育」「乳児保育」の講師を、2020 年より担当させて頂いている経験が重要な手がかりとなった。現職にある保育士との議論は、本書が「理論倒れ」に終わることを回避するための、貴重な契機を与えてくれるものであった。筆者にとって、保育士の方々との学びの機会は、最良の知的刺激の源であり続けている。パンデミックの荒波を真面に浴びた「エッセンシャル・ワーカー」である大阪府下の保育士諸氏に、心より敬意を表したい。本書の改訂作業が、私にとって愉楽であったのは、この作業が、同志たる保育者諸氏からの恩恵に報いようとする行為であったからだろう。

　「公刊」される書籍の末尾に、「私事」としての謝辞を掲げるようなことは、読者にとっては鼻白むものであるということは重々承知しているつもりである。だが、立て続けに拙著の公刊をお引き受け頂き、懇切な編集作業を根気強く継続してくださっている、ふくろう出版学術図書事業部の亀山裕幸さんと共に、今回の改訂作業を進めることができた幸運に対する感謝を記すことをご寛恕願いたい。

2023 年 3 月 10 日
吉田直哉

著者略歴

1985 年静岡県藤枝市生まれ。2008 年東京大学教育学部卒業。同大学院教育学研
究科博士課程等を経て、2022 年より大阪公立大学准教授(大学院現代システム科
学研究科・現代システム科学域教育福祉学類)。博士(教育学)。保育士。教育人間
学、保育学専攻。

主著

　『保育原理の新基準』(再訂版)、(編著、三恵社、2018 年)

　『子育てとケアの原理』(共著、北樹出版、2018 年)

　『子どもの未来を育む保育・教育の実践知：保育者・教師を目指すあなたに』

　　(共著、北大路書房、2018 年)

　『教育・保育の現在・過去・未来を結ぶ論点：汐見稔幸とその周辺』

　　(共著、エイデル出版、2019 年)

　『バーンスティン・ウィニコットの教育環境学：人間形成論における「境界」体験の構図』

　　(単著、ふくろう出版、2020 年)

　『「伝えあい保育」の人間学：戦後日本における集団主義保育理論の形成と展開』

　　(単著、ふくろう出版、2021 年)

　『平成期日本の「子ども中心主義」保育学：1989 年幼稚園教育要領という座標系』

　　(単著、ふくろう出版、2022 年)

　『〈子ども〉というコスモロジー：ポストモダン日本における問題圏』

　　(単著、ふくろう出版、2023 年)

メールアドレス

yoshidanaoya@omu.ac.jp

改訂版　**保育カリキュラム論講義**
児童中心主義的視座からの試論

2021 年 8 月 15 日　初版発行
2023 年 4 月 1 日　改訂版発行

著　　者　吉田　直哉

発　　行　ふくろう出版
　　　　　〒700-0035　岡山市北区高柳西町 1-23
　　　　　　　　　　友野印刷ビル
　　　　　TEL：086-255-2181
　　　　　FAX：086-255-6324
　　　　　http://www.296.jp
　　　　　e-mail：info@296.jp
　　　　　振替　01310-8-95147

印刷・製本　友野印刷株式会社
ISBN978-4-86186-875-7　C3037　©YOSHIDA Naoya 2023
定価は表紙に表示してあります。乱丁・落丁はお取り替えいたします。